MERIAN *live!*

Märchenhaftes Hessen
Auf den Spuren der Brüder Grimm

Martin Tschechne lebt in Hamburg und stammt aus Niedersachsen. Das Land der Brüder Grimm ist für ihn so etwas wie der nördlichste Zipfel vom sonnigen Süden.

Anja Zeller, freie Autorin und Lektorin, lebt seit 20 Jahren in der Geburtsstadt der Brüder Grimm und ist ihren Spuren in alle Teile Hessens gefolgt. Lieblingsort: Hof Trages bei Hanau.

Inhalt

Willkommen in Hessen 4

Unterwegs in Hessen 8

Willkommen in Hessen

Mitten in Deutschland und vielseitig wie Deutschland. Auf Spuren der Brüder Grimm lassen sich alle Facetten des Landes erkunden.

Dies ist ein Reiseführer. Er möchte seine Leser einladen, sich aus dem Lesesessel zu erheben, ins Auto oder die Bahn zu steigen und nach Hessen zu reisen. Das ist seine erklärte Absicht. Es ist aber nicht seine einzige Absicht. Zum Reisen gehört die Neugier, und zur Neugier gehört, dass man Fragen stellt. Der Reiseführer will helfen, solche Fragen zu formulieren – und er will neugierig machen. Denn Hessen ist nicht eine Ansammlung von Liegestühlen an irgendeiner Sonnenküste. Das wäre langweilig!

Es war einmal ...

Das Land, das es kennenzulernen gilt, ist ein Land voller Burgen, auf denen Fürsten regiert und Ritter gekämpft haben, voll alter Abteien und dunkler Bergwerke, überragt von gotischen Domen, durchzogen von uralten Handelswegen, übersät von sonntäglich herausgeputzten Städtchen und voller Wälder, in denen möglicherweise noch heute Hexen hausen und Zwerge durchs dichte Unterholz stapfen. Ganz sicher kann man da nie sein. Nicht in Hessen jedenfalls.

Kultur, Legenden und pulsierendes Leben – ein Panorama Hessens mit dem Kurhaus Wiesbaden, dem Dornröschenschloss Sababurg und der Skyline Frankfurts.

In diesem grünen und hügeligen Landstrich zwischen Hohem Meißner und Odenwald sind die Brüder Jacob und Wilhelm Grimm vor 200 Jahren den Spuren einer reichen Geschichte gefolgt, haben Sagen und Märchen gesammelt und gelauscht, was die Menschen um sie herum zu erzählen hatten – von verzauberten Prinzessinnen und bösen Stiefmüttern, von zornigen Kobolden und gütigen Königen, von daumesdicken Kerlchen und Bauernburschen, gewitzt genug, um selbst dem Teufel ein Schnippchen zu schlagen.

Die Brüder Grimm haben aber auch selber ihre Spuren in Hessen hinterlassen, sind hier geboren worden, zur Schule gegangen und haben studiert, sie haben gearbeitet und ausgelassene Feste gefeiert, sind durchs Land gezogen, haben ihre Freunde besucht und sich, wo es nötig war, auch mit der Obrigkeit angelegt.

... so leben sie noch heute

Die Spuren der Geschichten und die Spuren ihrer Sammler – beides sind Ziele, auf die dieser Reiseführer aufmerksam machen will. Er tut es, indem er selber Geschichten erzählt. Etwa die vom Dragonerwachtmeister Krause, der als Gegenleistung für die Märchen aus der Spinnstube ein paar abgelegte Beinkleider forderte. Oder die vom Maler Otto Ubbelohde, der sich die schönsten Plätze seiner hessischen Heimat ausgesucht hat, um den Märchen der Brüder Grimm ein Zuhause zu geben.

Man kann ja im schönsten Wald stehen und ihn vor lauter Bäumen nicht erkennen. Das soll, bitte, in Hessen nicht passieren.

MERIAN-Tipps Mit MERIAN mehr erleben.

Nehmen Sie teil am Leben der Region und entdecken Sie das märchenhafte Hessen, wie es nur Einheimische kennen.

1 **Kletterwald mit Baumkronenpfad am Hoherodskopf**
Hängepartie im Wald – über Hängebrücken spaziert man von Baum zu Baum. (▸ S. 25)

2 **Otto-Ubbelohde-Haus, Lahntal-Goßfelden**
Wechselnde Ausstellungen zeigen Leben und Werk des »Erfinders« unserer Märchenbilder. (▸ S. 35)

3 **Markthalle Kassel**
Im historischen Marstall bietet dreimal in der Woche ein Markt alles, was das Köcheherz begehrt. (▸ S. 55)

4 **Schöneberger Bauernhof-Eis**
Ob das Dornröschen-Eis – eine von 40 Eissorten des Hofs – besser schmeckt als ein Prinzenkuss? (▸ S. 76)

5 **Café und Gasthaus Dornröschen, Annelsbach**
Neben der Prinzessin steht hier der Apfel kulinarisch im Mittelpunkt. (▸ S. 93)

6 **Domäne Steinberg, Kloster Eberbach**
Mitten im Rebenparadies und nur 300 m vom Kloster entfernt, schmeckt der Wein einfach überirdisch. (▸ S. 103)

7 **Freilichtmuseum Hessenpark**
Das Leben der Vergangenheit in über 100 historischen Gebäuden lebendig in Szene gesetzt. (▸ S. 113)

8 **Gaststätte und Café Hof Kindervatter, Witzenhausen**
Die roten Früchte gehören zu Witzenhausen – und werden auch im Hof Kindervatter mit Genuss serviert. (▸ S. 117)

9 **Jausenstation Weißenbach**
Regional genießen – in der Jausenstation am Hohen Meißner gibt's Käse, Brot und Fleisch aus eigener Produktion. (▸ S. 121)

10 **Malcomess', Ihr Restaurant am Kornmarkt, Wetzlar**
Neue Ideen mit Liebe zum Essen: Slow Food, vegetarischer Donnerstag und eine Azubi-Speisekarte. (▸ S. 148)

Wiesen, Hügel, Dörfer – eine typische hessische Mittelgebigslandschaft bei Bad Arolsen.

Unterwegs in Hessen

Begeben Sie sich auf Spurensuche ins Land der großen Märchensammler. Entdecken Sie das Schloss von Dornröschen, Frau Holles Teich oder den bösen Wolf ...

TOUR 1

Kindheit in Hanau und Steinau

Begonnen hat alles in Hanau, dann geht es weiter nach Steinau an der Straße. Oder, um es zu sagen, wie es die Brüder Grimm in ihren Märchen gern taten: Es war einmal ...

◂ Mit einem Denkmal der Brüder Grimm auf dem Marktplatz vor dem Rathaus ehrt Hanau die Söhne der Stadt (▸ S. 11).

Hanau

▸ C5

Es war einmal ein junger Advokat, Philipp Wilhelm Grimm, der lebte mit seiner Frau Dorothea, die ebenfalls aus einer Juristenfamilie stammte, in einem Haus am alten Paradeplatz der Stadt Hanau. Heute heißt er Freiheitsplatz, und lange Zeit wurde er nur als Parkplatz und Busbahnhof genutzt. Bald sollen die Stadtbibliothek, das Stadtarchiv, ein Medienzentrum und die »Wetterauische Gesellschaft für die gesamte Naturkunde zu Hanau 1808 e.V.«, der schon Goethe, Humboldt und Alfred Brehm angehört hatten, hier Quartier beziehen. Bessere Nachbarschaft.

Jacob Grimm wurde hier am 4. Januar 1785 geboren, sein Bruder Wilhelm ein gutes Jahr später, am 24. Februar 1786. Bald folgten die Brüder Karl Friedrich (1787–1852), Ferdinand Philipp (1788–1844) und Ludwig Emil Grimm (1790–1863).

Da wohnte die Familie bereits im Haus zur Grünen Linde in der Langstraße 41. Eine Schwester, Charlotte Amalie, wurde 1793 schon in Steinau geboren (gestorben 1833). Sie sollte eine wichtige Rolle im Leben der Brüder Grimm spielen, weil sie bis zu ihrer Verheiratung 1822 den Haushalt führte und die Familie zusammenhielt, die Hemden bügelte und für regelmäßige Mahlzeiten sorgte. Wer sein Leben den Büchern widmet, der Forschung und dem Schreiben, der ist auf solche Unterstützung angewiesen. Erst nachdem Lotte – auch Malchen genannt – mit ihrem Ehemann, dem späteren kurhessischen Minister Ludwig Hassenpflug, einen eigenen Hausstand gegründet hatte, dachten Jacob und Wilhelm Grimm darüber nach, dass zumindest einer von ihnen nun wohl besser eine Frau suchen sollte …

»In unserem Haus wohnten wir (zur Miethe) ganz allein«, erinnert sich der älteste Sohn Jacob an den Ort seiner frühen Kindheit in der Hanauer Langgasse. »Der Hof war eng, es wurde darauf Holz gesägt, und rechts war die Waschküche. Wenn man die Treppe hinaufkam, ging es links neben der Bodentreppe vorbei in die Wohnstube, wo die Mutter war. Dem Vater seine Stube muss entweder rechts oder hinter der Wohnstube gewesen seyn. Die Kinderstube war hinten auf den Hof, ich habe oft am Fenster gestanden und einen Apfelbaum gesehen, dessen Äste über die Hofmauer aus dem Nachbarsgarten ragten.«

Die Erinnerung bleibt wach

Sehr bald aber wurde der Vater zum Amtmann in Steinau befördert; 1791 zog die Familie fort. Hanau blieb eine Erinnerung und – wie sich später erweisen sollte – eine wichtige Quelle für die Sammlung von Märchen und Mythen. Im Zweiten Weltkrieg dann wurde die Stadt weitgehend zerstört. So fiel am 19. März 1945 auch das Geburtshaus der längst weltberühmten Brüder Grimm dem Bombenhagel zum Opfer. Am Haus, das an seiner Stelle errichtet wurde, hängt heute eine Gedenktafel, und auch schräg gegenüber erinnert eine Metalltafel auf einem Findling an die Brüder: Als »Sprachforscher und Märchensammler« werden sie dort gewürdigt. In dieser Reihenfolge: Erst kommt die Sprachforschung, dann folgen die Märchen. Das hat etwas zu bedeuten: Es geht um mehr als um Rumpelstilzchen, Rotkäppchen und Schneewittchen, die seit 200 Jahren fast jedem Kind auf der Welt vertraut sind – es geht um ein Forscherpaar, das in der Sprache die Wurzel und das einigende Band einer ganzen Nation erkannt hatte.

Die geschundene Stadt pflegt ihre Tradition. Der Marathonlauf heißt »Brüder Grimm Lauf«, eine Schule »Brüder-Grimm-Schule«, eine Apotheke »Brüder-Grimm-Apotheke«. In Hessen – auch in anderen Städten – ist man stolz auf die berühmten Söhne des Landes. Ein Bildungszentrum in Hanau nennt sich nach den Brüdern, ebenso eine Kindertagesstätte und der Lions Club. Und alle zwei Jahre ehrt die Stadt einen Schriftsteller, der die hohe Kunst des Erzählens beherrscht, mit dem »Brüder-Grimm-Preis«. Wolfgang Hilbig wurde ausgezeichnet, ebenso Monika Maron, Felicitas Hoppe oder Harry Rowohlt. Seit 2012 gibt es nun auch einen »Ludwig-Emil-Grimm-Preis« für bildende Kunst.

Alte Familienwurzeln

In Hanau also beginnt die Reise zu den Brüdern Grimm. Hier besuchten sie, gerade vier oder fünf Jahre alt, regelmäßig die Tante Schlemmer, eine Schwester des Vaters, in der Fahrgasse (heute Fahrstraße). Dort bekamen sie ersten Unterricht, zu zweit gingen sie auch in die französische Schule nahe der Wallonischen Kirche – erste Bildungserlebnisse in Hanau. Und wenn auch jede Ähnlichkeit mit den Orten der Kindheit durch Umbau und Krieg und Wiederaufbau und die ästhetische Not der Nachkriegszeit getilgt scheint – mit Fug und Recht trägt die Stadt den Titel »Brüder-Grimm-Stadt«. Das Brüder-Grimm-Nationaldenk-

Der schwungvolle Aufgang zur Beletage in Schloss Philippsruhe – Sinnbild einer Epoche der Eleganz (▸ S. 13).

mal von 1896 vor dem Neustädter Rathaus dokumentiert diesen Anspruch. Hier waren die Grimms verwurzelt. Hier haben erste Eindrücke ihre Wahrnehmung geprägt.

Schon ihr Urgroßvater hatte 43 Jahre lang als Pfarrer und Inspektor die Geschicke der reformierten Kirchengemeinde in der Grafschaft Hanau-Münzenberg gelenkt. Sein Wirkungsort, die stolze Marienkirche, wurde mit großem Aufwand restauriert; die herrlichen Glasfenster aus der Zeit der Renaissance haben den Krieg überstanden. Jacob und Wilhelm Grimm haben gern die Großeltern – von Steinau aus – am Johanneskirchplatz besucht; auch die Kirche war ihnen vertraut.

Schloss Philippsruhe

Gediegener und geordneter Wohlstand prägte die Atmosphäre der Residenz- und Gewerbestadt. Noch heute geben schöne Fachwerkhäuser davon Zeugnis, etwa das 1537/1538 erbaute Altstädter Rathaus, das inzwischen als Deutsches Goldschmiedehaus die reiche Tradition Hanaus als Zentrum der Schmuck- und Goldschmiedekunst dokumentiert. Die 1701 bis 1712 entstandene Anlage von Schloss Philippsruhe im westlichen Stadtteil Kesselstadt lässt gar Erinnerungen an die Prachtentfaltung französischer Vorbilder aufkommen. Spezielle Führungen erinnern an die Zeit, da Adolph Freiherr von Knigge hier seit 1777 ein Liebhabertheater führte – und es wird deutlich, dass der Menschenkenner seinen Zeitgenossen weit mehr zu bedenken gab als die korrekte Platzierung von Messer und Gabel auf der festlichen Tafel.

Im Erdgeschoss und der Beletage des gegen Ende des 19. Jh. im neobarocken Stil umgebauten Schlosses präsentiert das Historische Museum Zeugnisse zur Geschichte der Stadt – zu der neben Hanauer Stilllebenmalerei und Hanauer Silber natürlich auch eine ansehnliche Sammlung zum Werk der Brüder Grimm gehört. Auch zu ihrem Leben und Nachleben: Zu sehen sind ein Gehrock, eine Aktentasche, die Entwürfe zum Nationaldenkmal …

Die Familie kam gern in den Park. Die Eltern hatten sich hier verlobt. Ein Gemälde von Georg Karl Urlaub von 1788 zeigt den ältesten Sohn, Jacob, im Alter von zweieinhalb Jahren mit Schnallenschuhen, eleganter Schärpe und Spitzenkragen: der Stolz der Familie, umgeben vom üppigen Grün des Schlossgartens. Zu sehen ist das Porträt allerdings im Schlossmuseum Steinau, eine Kopie hängt im Brüder-Grimm-Museum Kassel. Das Amphitheater nahe dem Schloss bietet heute eine perfekte Kulisse für die Philippsruher Schlosskonzerte und die alljährlich veranstalteten Brüder-Grimm-Märchenfestspiele. Natürlich waren Dornröschen, Rumpelstilzchen und der Froschkönig hier zu Gast, aber auch Ali Baba und die 40 Räuber aus dem Morgenland haben der Bühne schon ihren Besuch abgestattet. Märchen ermutigen nun mal, über den eigenen Tellerrand hinauszublicken. Sie verleihen Flügel.

Kuren in Wilhelmsbad

Auch die Kuranlage Wilhelmsbad wurde gebaut, um die Leichtigkeit des Geistes zu beflügeln – eine Barockarchitektur mit Arkaden von südländisch anmutender Heiterkeit (heute ist dort das Hessische Puppenmuseum untergebracht), drumherum ein englischer Landschaftsgarten voller Entdeckungen. Im weitläufigen Grün steht ein Karussell, ein technisches Wunderwerk seiner Zeit. Auf einer Insel im Teich erhebt sich eine Pyramide, und die künstliche Burgruine am Wasser war in Wirklichkeit ein Lustschlösschen, in dem der Erbau-

Früher Rathaus – heute Museum: das Deutsche Goldschmiedehaus (▶ S. 14).

er, Erbprinz Wilhelm von Hessen (1743–1821), romantische Stunden genoss. Ja, der Geist einer Zeit prägt ihre Orte. Aber Orte bestimmen auch das Denken und Empfinden der Menschen, oft weit über deren Gegenwart hinweg. Es heißt, zwei Kräuterfrauen hätten einst die Heilkraft der Quellen entdeckt, auf denen dann die Kuranlage entstand. Die Mythen und Geschichten, die mit Orten und Regionen und alten Zeiten verbunden waren – das war es auch, was später die Sammler von Märchen und Sagen faszinieren sollte.

MUSEEN

Historisches Museum Hanau Schloss Philippsruhe

Im Papiertheater-Museum ist eine Dauerausstellung zur Stadtgeschichte, zur Hanauer Kunst und dem Kunsthandwerk des 17. bis 20. Jh. sowie den Brüdern Grimm zu sehen.
Philippsruher Allee 45, 63454 Hanau • Tel. 0 61 81/2 95 17 18 • www.hanau.de • Di–So 11–18 Uhr

Deutsches Goldschmiedehaus

Im schmucken Altstädter Rathaus gleich neben der gotischen Marienkirche werden Wechselausstellungen zur Goldschmiedekunst gezeigt.
Altstädter Markt, 63450 Hanau • Tel. 0 61 81/25 65 56 • www.hanau.de • Di–So 11–17 Uhr

Hessisches Puppenmuseum

In den Räumen des ehemaligen Kurgebäudes Wilhelmsbad zeigt das Puppenmuseum seine Sammlung.
Parkpromenade 4, 63454 Hanau-Wilhelmsbad • Tel. 0 61 81/8 62 12 • www.hessisches-puppenmuseum.de • Di–Fr 10–12, 14–17, Sa/So und feiertags 10–17 Uhr

EINKEHREN

Atrium Restaurant im Hotel Villa Stokkum

Vom Barockfrühstück bis zum Sieben-Gänge-Menü – fürstlich Dinieren in einer ehemaligen Tabakfabrik an der Steinheimer Stadtmauer.
Steinheimer Vorstadt 70, 63456 Hanau-Steinheim • Tel. 0 61 81/ 6 64-0 • www.villastokkum.de

Café Schien

Traditionshaus, Spezialität: Brüder-Grimm-Torte, Nusstörtchen nach altem Familienrezept von 1927. Au-

ßerdem märchenhafte Geschenkartikel in der Filiale Rosenstraße.
Nussallee 7, 63450 Hanau • Tel. 06181/22895, Mo–Fr 9–18.30, Sa/So und feiertags 10–18.30 Uhr – Filiale Rosenstr. 3 • Tel. 06181/256162 • www.cafe-schien.de • Mo–Fr 8–19, Sa/So 8–18 Uhr

Holle's am Schlossgarten

Deutsche Kochkunst in elegantem Rahmen, Schwerpunkt Hessen. Im Sommer Paulaner-Biergarten, Sonntagsbrunch »Tischlein deck dich!«
Schlossplatz 1, 63450 Hanau • Tel. 06181/4133342 • www.holles-im-cph.de

Hotel Zum Riesen

Das modern ausgestattete Hotel kann auf eine fast 400-jährige Geschichte zurückblicken. Napoleon übernachtete mehrmals hier, während Ludwig Emil Grimm den Silvesterball besuchte und von den Hanauerinnen recht angetan war.
Heumarkt 8, 63450 Hanau • Tel. 06181/250250 • www.hanauhotel.de

FESTE UND EVENTS

Brüder-Grimm-Märchenfestspiele

Unweit des Mainufers und nahe von Schloss Philippsruhe werden im Amphitheater jeden Sommer grimmsche Märchen als Theaterstück oder Musical auf die Bühne gebracht.
www.hanau.de, www.maerchenfestspiele-hanau.de

Brüder-Grimm-Lauf

Schon seit 1984 findet der Internationale Brüder-Grimm-Lauf von Hanau nach Steinau in fünf Etappen an drei Tagen (insgesamt 82 km) statt.
Veranstaltergemeinschaft Brüder Grimm Lauf, Barbarossastr. 16, 63571 Gelnhausen • Tel. 06051/851 4460 • www.brueder-grimm-lauf.de

SERVICE

AUSKUNFT

Tourist-Information

Hier gibt's Kostümführungen: Die Brüder Grimm zeigen ihre Geburtsstadt, mit Tante Schlemmer auf den Spuren der Brüder Grimm.
Im Rathaus Hanau, Am Markt 14–18, 63450 Hanau • Tel. 06181/295950

Bei Savigny auf Gut Trages

Wichtige Anregungen zu ihren Stoffen sollten die Brüder später – dann schon als Studenten – auf Gut Trages am Spessart erfahren. Das östlich von Hanau in welliger Landschaft der Gemeinde Freigericht gelegene Anwesen gehörte ihrem wohl wichtigsten Lehrer, dem Rechtsprofessor Friedrich Carl von Savigny, der in der dortigen Familiengruft bestattet ist. Verheiratet war er mit Gunda Brentano; deren Geschwister Bettine und Clemens kamen gern zu Besuch, und auch Freunde wie Achim von Arnim, Karoline von Günderrode und die Grimms genossen auf Trages Zeiten unbeschwerter Fröhlichkeit.
Man debattierte und las einander vor, vergnügte sich in Kissenschlachten und sang alte Lieder. So wurde die ländliche Idylle zu einem wichtigen Ausgangspunkt der jungen deutschen Romantik. Das Gut, heute umgeben von einem Golfplatz, ist immer noch in Familienbesitz, Schlosspark und Kapelle bieten eine romantische Kulisse für die alljährlich stattfindenden »Sommerlichen Musiktage Hof Trages«. Und im Dichterzimmer ist immer noch das Wandbild einer »Dichterkrönung Petrarcas« von Clemens und Christian Brentano zu sehen.

Das Wandbild, ausgeführt während der Tauffeierlichkeiten 1805, an denen Jacob Grimm nach der Rückkehr von Paris teilnahm, kann in den Räumen der Firma Webtronix Media besichtigt werden (Voranmeldung unter Tel. 06055/9380250). Im separaten Badehäuschen wohnte Karoline von Günderrode bei ihren Besuchen. Möglichkeiten zur Einkehr gibt es reichlich in den Orten der Umgebung.

SPORT UND FREIZEIT

Golfclub Hof Trages ▸ C5

63579 Freigericht • Tel. 06055/9138-0 • www.hof-trages.com • www.musiktage-trages.de

Die Hassenpflug-Schwestern

In Hanau waren auch die Hassenpflugs zu Hause. Erst kürzlich konnte ihr Wohnhaus der Jahre 1789 bis 1799 (dann zog die Familie nach Kassel) am Markt, Ecke Lindenstraße identifiziert werden – es wurde im Krieg zerstört. Heute nimmt ein Neubau mit einem Western Store seinen Platz ein. Die angesehene Familie hugenottischer Herkunft sollte sich mit den Grimms nicht nur durch Heirat verbinden: Ihr Schwager, der spätere Minister Ludwig Hassenpflug, war ein Monarchist, ein Freund der alten Ordnung. Er stemmte sich gegen jeden Gedanken an Freiheit, Gleichheit und Geschwisterlichkeit, der nach der Französischen Revolution auch in der deutschen Romantik viele Freunde gefunden hatte. Den Brüdern bot er in der Epoche von Biedermeier und Vormärz durch seine politisch reaktionäre Haltung immer wieder eine Reibefläche, ihr freiheitliches Denken zu erproben und zu festigen.

Vor allem aber sollten sich die Schwestern Marie (1788–1856), Jeanette (1791–1860) und Amalie Hassenpflug (1800–1871) zu den engagiertesten und erfolgreichsten Zuträgern im Auftrag der beiden Märchensammler entwickeln. »Brüderchen und Schwesterchen«, »Rotkäppchen«, »Dornröschen«, »Der gestiefelte Kater«, »Tischlein deck dich« oder »Der Teufel mit den drei goldenen Haaren« – die drei Schwestern erzählten den dann ebenfalls in Kassel lebenden Brüdern detailreich, was sie Dienstmägden, Fuhrleuten, Wäscherinnen, den Bauern auf dem Markt oder von Zugehfrauen abgelauscht hatten: Märchen aus dem Hanauischen, der Main- und Kinziggegend. Dass sie in Hanau geboren und aufgewachsen waren, spielt dabei sicherlich eine Rolle. Dass ihre Vorfahren aus Frankreich stammten, ist auch nicht ganz ohne Bedeutung …

Auf dem hohen Sockel des Nationaldenkmals vor dem Neustädter Rathaus in Hanau – von Syrius Eberle aus München entworfen und nach mancherlei Streitigkeiten 1896 in Bronze gegossen – vertiefen sich die Brüder in einen Folianten. Wilhelm sitzt auf einem Stuhl, Jacob steht daneben. Um Mitternacht, so munkelt man in Hanau, sollen die Sprachforscher und Märchensammler bisweilen die Plätze tauschen. Dann darf der Ältere auch mal sitzen. Und manchmal blinzelt einer der beiden dem Betrachter vertraulich zu: Wir wissen, dass es hier um Märchen geht.

Steinau an der Straße ▸ D4

Von Hanau geht die Reise auf den Spuren der Grimms nach Steinau. Steinau an der Straße, so der vollständige Name. Oder ganz komplett

Durch die reich verzierte schmiedeeiserne Pforte betritt man den englischen Landschaftspark Philippsruhe (▸ S. 13).

Brüder-Grimm-Stadt Steinau an der Straße. Die Straße ist die Via Regia, die alte Handelstrasse von Frankfurt am Main nach Leipzig. Sie hat dem Städtchen einen Wohlstand gebracht, der ihm heute noch anzusehen ist. Und mit den Brüdern sind natürlich Jacob und Wilhelm Grimm hervorgehoben – dabei hatten schon vier Generationen Grimm in dieser südhessischen Idylle im Kinzigtal zwischen Spessart und Vogelsberg gelebt und gearbeitet. Steinau ist Heimat. 14 Träger des Namens sind auf dem Kirchhof bestattet. Und fast 50 Jahre lang, von 1730 bis 1777, hatte der Großvater Friedrich Grimm als reformierter Pfarrer an der Katharinenkirche gewirkt. Als sein Sohn Philipp Wilhelm Grimm 1791 hier die wichtige und respektierte Position des Amtmanns für die Ämter Steinau und Schlüchtern übernahm, kehrte er mit seiner inzwischen stolz angewachsenen Familie in die alte Heimat der Grimms zurück.

Einen glücklichen Teil der Kindheit verbrachten die Brüder Grimm in Steinau an der Straße, wo sicher auch der Schlossbezirk zu den Spielplätzen gehörte. (▶ S. 18).

Für zwei Jungen von fünf und sechs Jahren muss es ein Paradies gewesen sein. Ein großer, gepflasterter Hof mit Remise, ein Garten, eine Linde vor dem Haus, Fachwerk und verwinkelte Gassen, eine mittelalterliche Burg mit Bergfried und Ringmauer, die inzwischen zu einem Schloss der Grafen von Hanau ausgebaut worden war.

In der Scheune, die gegenüber dem Amtshaus liegt, erzählt heute das Museum Steinau von den Abenteuern des Reisens in vergangenen Zeiten, vom Leben der Hufschmiede, Sattler und Stellmacher entlang der Straße, von Fuhrleuten, Pilgern und Wegelagerern. Was die beiden Knaben hingegen in den Speicher lockte, war die Leiter, die bis in den Himmel zu führen schien. Es gibt sie noch. Wenn nur die ängstliche Mutter nichts von den wilden Kletterkunststücken erfuhr!

Zauberhafte Märchenwelten

Welche Bilder schweben einem vor, wenn man eine Geschichte erzählt? Woher kommt der Wald, der in den Märchen der Brüder Grimm eine so tragende Rolle spielt? Welche Straßen waren das Vorbild jener Wege, auf denen Hans im Glück oder die Schwester der sieben Raben in die Welt hinausziehen? Welche Hütten und Plätze, Burgen und Türme bilden die Bühne für die Begegnungen und Begebenheiten aus den Märchen, die wiederum das Bild einer Zeit und eines Landes in der ganzen Welt verbreitet haben? Es ist ein Merkmal von Märchen, dass sie (meist) keinen konkreten Ort haben. Das gibt Spurensuchern Anlass, nach Ähnlichkeiten und anderen Indizien zu suchen. Oft ist Eifer dabei im Spiel, bisweilen sind es auch handfeste Interessen. So gibt es Heimatforscher, die im Schloss von Steinau den Schauplatz des Märchens von »König Drosselbart« wiedererkannt haben wollen. Und wer Lust hat, darf sich den Stadtborn als Ursprung des Märchens vom »Froschkönig« vorstellen. Der kleine, in Stein gefasste Quell, aus dem sich die Stadt bei Belagerung mit Wasser versorgen konnte, war ein Lieblingsspielplatz der grimmschen Kinder. Freilich, so bemerkt ein Spötter, könnte der verzauberte Prinz aber auch aus jedem anderen Brunnen des Landes gesprungen sein, um sich von einer schönen Prinzessin küssen zu lassen. Denn was zählt, ist die Atmosphäre, die einen Landstrich durchzieht. Sind die Erzählungen, die ihm innewohnen. Im Falle der Brüder Grimm ließe sich vielleicht sogar von einer Aura sprechen. »Die Gegend um Steinau hat etwas Angenehmes«, schreibt Wilhelm Grimm in den Erinnerungen an seine Kinderjahre. »Oft sind wir zusammen in den Wiesentälern und auf den Anhöhen umhergegangen; der Sinn für die Natur mag uns, wie vielen, angeboren sein, aber er ist doch auch auf diese Art genährt und begünstigt worden.« Das ist der Hintergrund, vor dem die Märchen Gestalt gewonnen haben.

Der jüngste der Brüder Grimm, Ludwig Emil, der später als schneller und gewandter Zeichner und Maler das Leben der Gelehrten begleitete und in präzise beobachteten Skizzen festhielt, hatte die prägende Bedeutung ebendieser Landschaft erkannt. Als er gut 30 Jahre später die Erwachsenen Jacob und Wilhelm porträtierte, lange, nachdem sie aus Steinau fortgezogen und mit ihrer Märchensammlung berühmt geworden waren, stellte er ihre Bildnisse vor die Kulisse der Stadt mit Schlossturm, Katharinenkirche, Rathaus und Amtshaus und notierte dazu: »Im Hintergrund Steinau«.

Latein und Rohrstock

Johann Georg Zinckhan freilich war ein pädagogisches Ungeheuer. Den Rohrstöcken, mit denen der gestrenge Stadtpräzeptor seine Schüler triezte, hatte er Namen gegeben. Die Brüder Grimm, die in dem alten Schulgebäude hinter dem Rathaus nach ihrer Schilderung »Unterricht in der Violine, Klavier, Rechnen, Schreiben, Religion und Lateinisch« genossen, werden ihm allerdings wenig Anlass zur Züchtigung gegeben haben. Oder haben vielleicht gerade sie ihn ganz besonders geärgert? Es heißt, vor allem Jacob sei ein hellwacher und geistig beweglicher Schüler gewesen, nach heutigen Begriffen wohl hochbegabt. Latein konnten die beiden bald besser als ihr Lehrer. Und bisweilen mussten sie Kopfschmerzen vortäuschen, um diesem schrecklichen Zinckhan für einen Schultag zu entgehen.

Glückliche Jahre

Das Museum im alten Amtshaus rekonstruiert den Alltag einer zwar nicht üppig ausgestatteten, doch angesehenen Familie. Ein kleiner Garten vor der Stadt half, das Deputat des Amtmanns ein wenig aufzubessern. »Dieser liebe Biengarten war meist der Tummelplatz unserer Kindheit«, erinnert sich Ludwig Emil Grimm, »und ich sehe noch in Gedanken das liebe Lottchen in weißem Kleid und rosenrotem breitem Band im großen Gras herumgehn und Blumen abpflücken. Unser ganzer Hausbedarf wurde im Garten gezogen, und zwei Kühe hatten

Sommer und Winter Futter daraus. Abends, wenn wir nach Haus gingen, hatte unsere treue Marie Pfannkuchen gebacken oder wir hatten im Garten saure Milch gegessen.«

Viel authentisches Material aus dem Leben der Familie ist für das Museum nicht übrig geblieben, ein paar Scherben blau-weißes Porzellan, die bei der Renovierung unter dem Haus gefunden wurden und wohl aus der Küche der Grimms stammten, ein kleines Stück der Originaltapete, mit der die Räume ausgekleidet waren. Die Möbel sind zeitgenössisch. Der Saal wurde hergerichtet, in dem der Vater auf einem kleinen Podium über Fälle zu Gericht saß, die nicht an die höheren Instanzen in Hanau weitervermittelt werden mussten.

Doch bietet das 1562 erbaute Haus subtil beleuchtete Zinnfiguren-Dioramen der Märchen und deren Inszenierung auf größeren (Opern-) Bühnen als Videoclip, darüber hinaus Adaptationen ihrer Protagonisten aus der profanen Welt der Werbung und Interpretationen durch Künstler, vom Meißener Porzellanmaler Peter Strang bis zu David Hockney. Sogar eine begehbare Krone gibt es in dem aufwendig ausgestatteten, beinahe schon übermöblierten Museum und darin einen Thron, auf dem Besucher sich selber eine Krone aufs Haupt setzen und dabei über Kopfhörer den Märchenerzählungen lauschen können. »Erlebniswelt« heißt so etwas, und Schulklassen finden es toll. Computerspiele, Bildschirme, Lautsprecher, Schaukästen: Sie wissen hier schon, was sie an den Grimms haben.

Zu einem ganz eigenen Leben erwachen der Froschkönig und mit ihm Frau Holle, die Bremer Stadtmusikanten oder der Fischer und seine Frau wenige Schritte vom Amtshaus entfernt im ehemaligen Marstall des Schlosses. 1955 ließ sich hier der Puppenspieler Karl Magersuppe mit seinem Marionettentheater »Die Holzköppe« nieder. Seither – und inzwischen in dritter Generation – locken die Inszenierungen mit den tanzenden Puppen jedes Jahr Tausende von Besuchern nach Steinau.

Auch vor dem dänischen Königshaus haben sie gespielt und waren sogar in Japan auf Tournee. Und manchmal scheint es, als wunderten sich die Puppenspieler über den Erfolg ihrer doch so bodenständigen Inszenierungen. Dabei ist die Erklärung einfach: Die Märchen erfassen Grundmuster und -motive des Erzählens aus aller Welt und werden deshalb auch in aller Welt verstanden. Vermutlich also wäre den Brüdern Grimm die lebendige, mit frechen und witzigen Anspielungen auf die Gegenwart durchsetzte Darbietung ihrer Stoffe passender erschienen als ein bronzener Froschkönig, wie er mitsamt Prinzessin auf dem Rand des reich verzierten Märchenbrunnens zwischen dem Puppentheater und dem Steinauer Rathaus hockt: Märchen sind lebendig. Sie lassen sich daher schlecht in Bronze gießen.

Auszug aus dem Amtshaus

Der Tod des Vaters Philipp Wilhelm Grimm 1796, er war gerade 45 Jahre alt, bereitete der Idylle in Steinau ein jähes Ende. Die Witwe des Amtmannes musste um eine Pension betteln; im Amtshaus konnte die Familie nicht bleiben. Das nächste Quartier wurde das 1352 erbaute huttensche Hospital, danach die alte Kellerei am Brückentor. Es wurde eng, räumlich und finanziell. Doch die Mutter hatte eine Schwester in Kassel, die geliebte Tante Henriette. Und in Kassel gab es ein anständiges Lyceum. Dorthin konnten die Jungen gehen.

SEHENSWERTES

Teufelshöhle

Das hätte die Grimms gewiss auch interessiert: Die 2,5 Mio. Jahre alte Tropfsteinhöhle am Hang des Kieskopfs, 3 km nördlich von Steinau, wurde 1830 erstmals erkundet. Eine Besichtigung ist nur im Rahmen einer Führung möglich.
April–Okt. Mo–Fr 13–17, Sa 13–18, So und feiertags 10–18 Uhr und nach Vereinbarung (Verkehrsbüro Steinau, Tel. 0 66 63/9 63 10, www.steinau.eu)

MUSEEN

Brüder-Grimm-Haus und Museum Steinau

Bis 1975 diente das Steinauer Amtshaus als Amtsgericht. Seit 1998 ist darin das Brüder-Grimm-Haus als Gedenkstätte eingerichtet. In der ehemaligen Scheune gegenüber erfährt man einiges über das Leben an der »Straße« und die Geschichte Steinaus.
Brüder-Grimm-Str. 80, 36396 Steinau an der Straße • Tel. 0 66 63/76 05 • www.brueder-grimm-haus.de, www.museum-steinau.de • tgl. 10–17 Uhr

Marionettentheater »Die Holzköppe«

Seit 1955 stehen grimmsche Märchen im Marstall auf dem Spielplan.
Am Kumpen 2–4, 36396 Steinau an der Straße • Tel. 0 66 63/2 45 • www.die-holzkoeppe.de

Brüder-Grimm-Gedenkstätte im Museum Schloss Steinau

36396 Steinau an der Straße • Tel. 0 66 63/68 43 • www.schloesser-hessen.de • März–Mitte Dez. Di–Do, Sa/So und feiertags 10–17 Uhr

Eine Vorstellung von den Lebensumständen der Familie Grimm gewinnt man in der Brüder-Grimm-Gedenkstätte im Steinauer Schloss.

EINKEHREN

Burgmannenhaus

Die ehemalige Zollstation aus dem 16. Jh. versorgt ihre Gäste gut bürgerlich mit Speis und Trank und bietet eine Herberge für die Nacht.

Brüder-Grimm-Str. 49, 36396 Steinau an der Straße • Tel. 0 66 63/91 24 36 • www.burgmannenhaus-steinau.de

Brathähnchenfarm

Giggl aus dem Holzofen und portugiesische Küche. Hotel, Restaurant, Tagungsstätte.

Im Ohl 1, 36396 Steinau an der Straße • Tel. 0 66 63/2 28

Café Restaurant Rosengarten

Im ehemaligen huttenschen Armenhospital, das bereits im 16. Jh. zum Wohnhaus umgewandelt worden war, fand Mutter Grimm als Witwe mit ihren sechs Kindern 1796 zunächst Unterschlupf. Kaffee & Kuchen, auch warme Speisen.

Brüder-Grimm-Str. 84, 36396 Steinau an der Straße • Tel. 0 66 63/73 09 • www.rosengarten-steinau.de • Mo Ruhetag

SERVICE

AUSKUNFT

Städtisches Verkehrsamt

Brüder-Grimm-Str. 70, 36396 Steinau an der Straße • Tel. 0 66 63/9 63 10 • www.steinau.eu

Schlüchtern

▸ D4

Nach Schlüchtern, nur wenige Kilometer die Kinzig hinauf, kamen sie noch als Kinder, wenn der Vater in Amtsgeschäften dort zu tun hatte und seine beiden Großen ihn begleiteten. Dort durften sie über den Markt schlendern und das Treiben der Seifensieder, Wundärzte, Gaukler, Kräuterweiblein oder auch der Buchbinder bestaunen. Oder im Garten des Lauter'schen Schlösschens mit den Kindern des Besitzers Wilhelm Stickel spielen, der mit dem Amtmann aus Steinau gut befreundet war. So hat es der Grimm-Forscher Wilhelm Praesent in seiner Erzählung »Amtmann Grimm besichtigt den Schlüchterner Markt anno 1792« beschrieben – und wieder wird deutlich: Es sind Erlebnisse, Begegnungen und Beobachtungen aus Kindheit und Jugendjahren, denen die Brüder ihr feines Ohr für Geschichten verdanken.

Das Bergwinkelmuseum in Schlüchtern, untergebracht im 1440 errichteten Schlösschen der Familie Lauter, nimmt diesen Duktus auf: Es erzählt. Etwa die Geschichte des Humanisten Ulrich von Hutten, der 1488 auf der sagenumwobenen Steckelburg bei Schlüchtern geboren wurde, oder die des Abtes Petrus Lotichius, der 1543 hier die Reformation einführte und zu den bedeutendsten Dichtern neulateinischer Sprache gehörte. Es erzählt die Geschichte der jüdischen Gemeinde von Schlüchtern oder die der reformerischen »Neuwerkbewegung«, die nach dem Ersten Weltkrieg versucht hatte, evangelischen Glauben mit den Ideen des Sozialismus zu versöhnen.

Und ebenso die der Brüder Grimm, die aus dem benachbarten Steinau aufbrachen, um der ganzen Welt ihre Märchen zu erzählen. Die Exponate kommen natürlich von dort, etwa das Stück aus dem Gesangbuchbrett der Katharinenkirche, in das der Vater eines Sonntags während einer offenbar wenig mitreißenden Predigt aus Langeweile seine Initialen geritzt hatte: PWG.

Für die Brüder Grimm wurde auch Schlüchtern zu einem Ort, in dem Geschichte und Geschichten miteinander verwoben waren, die alte Benediktinerabtei aus dem 8. Jh., die stolze Stadtkirche St. Michael, das Rathaus aus der Zeit der Renaissance und das alte Schloss Ramholz, das im 16. Jh. von der Familie von Hutten angelegt worden war. Das alles war Vergangenheit und Gegenwart zugleich.
Und es setzte sich fort: 1883, lange nach dem Tod der Brüder, erwarb der Montanindustrielle Hugo Rudolf von Stumm das Huttenschloss mit der Steckelburg und ließ 1896 das neue Schloss Ramholz gleich daneben bauen. Es ist ein wahres Museum der historisierenden Stile, eine Architektur gewordene Erzählung von alten Zeiten und ihren Mythen – vom Mittelalter und der Renaissance über den englischen Tudorstil bis hin zum Neobarock. Das Schloss ist in Privatbesitz und für die Öffentlichkeit nicht zugänglich, aber auch der zugängliche Schlosspark ist ein Schmuckstück: angelegt nach den »Andeutungen über Landschaftsgärtnerei« des berühmten Fürsten Hermann von Pückler-Muskau, der ein Zeitgenosse der Grimms gewesen war. Wie gesagt: Alles ist Erzählung.

MUSEEN

Bergwinkelmuseum im Lauter'schen Schlösschen

Die Familie Grimm war hier von Steinau aus oft zu Besuch. Zeichnungen und persönliche Objekte erinnern an die Verbindung zur Familie Stickel, die das Anwesen bewohnte.
Schlossstr. 15, 36381 Schlüchtern • Tel. 0 66 61/8 57 50 • April–Okt. Di–So 14–18, Nov.–März Fr–So 14–18 Uhr und nach Vereinbarung

EINKEHREN

Restaurant Zeppelin

Dem Gedenken an den Luftschiffpionier Graf Zeppelin, dessen Tochter auf der nahen Burg Brandenstein verheiratet war, ist die Einrichtung und so manches Gericht gewidmet.
Schlossstr. 13, 36381 Schlüchtern • Tel. 0 66 61/58 32 • www.restaurant-zeppelin.de

SERVICE

AUSKUNFT

Tourist-Information

Rathaus, Krämerstr. 2, 36381 Schlüchtern • Tel. 0 66 61/8 53 61 • www.schluechtern.de

Gelnhausen ▸ C4

Gelnhausen, Bad Orb, Herbstein – lauter Orte, die Geschichten hervorgebracht haben und wohl immer noch welche hervorbringen. Man sieht es ihnen förmlich an. Gelnhausen im Tal der Kinzig unweit von Frankfurt beispielsweise: Hans Jakob Christoffel von Grimmelshausen (1622–1676), der Schöpfer des »Simplicissimus«, wurde hier geboren – der Ort ist Weltliteratur. 1170 von Friedrich Barbarossa gegründet und mit den Rechten einer Reichsstadt ausgestattet. Die Kaiserpfalz und die staufisch-romanisch-gotische Marienkirche sind Sensationen, und auch die Fachwerkbauten der Innenstadt und der mächtige Hexenturm sind jeden Umweg wert.
Ferdinand Grimm, der jüngere Bruder der Märchensammler, steuerte zum Mythenschatz des Landes die Fabel von dem verwunschenen See in der Nachbarschaft der alten Burg bei, in dem ein geheimnisvoller Nix der schönen Godula, der Geliebten des Kaisers, den Tod ankündigt.

EINKEHREN

Hotel Restaurant Burgmühle

Ein märchenhaftes Fachwerkensemble, reizvoll zwischen Kaiserpfalz und Kinzig gelegen.

Burgstr. 2, 63571 Gelnhausen • Tel. 0 60 51/8 20 50 • www.burgmuehle.de

SERVICE

AUSKUNFT

Tourist-Information Gelnhausen

Obermarkt 24, 63571 Gelnhausen • Tel. 0 60 51/83 03 00 • www.gelnhausen.de

Bad Orb

▸ C4

In Bad Orb trieb der sagenhafte Räuberhauptmann Peter von Orb sein Unwesen. Adalbert von Herrlein (1798–1870), Sammler von Sagen aus dem Spessart, hat seine Geschichte aufgeschrieben. Es waren die Jahre nach dem Dreißigjährigen Krieg, wirre und gesetzlose Zeiten. Eines Tages aber wurde Peter gefasst und in den Kerker geworfen – da wühlte sich sein treuer Freund, ein gezähmter Fuchs, durch den Boden seiner Zelle. Der Räuber konnte den Gang erweitern und entkommen, der brave Fuchs aber wurde erschlagen und in den Fluchtgang geworfen. Der Fuchsstein, der die Röhre seither verschließt, gehört noch heute zu den Sehenswürdigkeiten des Kurorts – viel mehr aber die märchenhaft verwinkelte Innenstadt mit ihren Toren und Türmen und Fachwerkhäusern. Und vor allem die Saline mit ihrem 1806 erbauten, spektakulären Gradierwerk: Wer zwischen den 18 m hohen Wänden hindurchwandelt, an denen das Salzwasser an Reisigbündeln herunterrieselt, der kann quasi Meeresluft inhalieren.

SERVICE

AUSKUNFT

Tourist-Information Bad Orb

Kurparkstr. 2, 63619 Bad Orb • Tel. 0 60 52/83-0 • www.bad-orb.info

Die mittelalterlichen Kaiser besaßen keine feste Residenz, sondern zogen von Pfalz zu Pfalz durch ihr Reich, eine wichtige Station war Gelnhausen (▸ S. 23).

Toskana Therme

Nicht nur in Wasser kann man hier baden, sondern auch in Musik und Licht! Die große, moderne Saunalandschaft befindet sich gleich an der historischen Saline.
Horststr. 1, 63619 Bad Orb • Tel. 0 60 52/9 28 99 50 • www.bad-orb.info/Toskana-Therme • So–Do 10–22, Fr, Sa 10–24, bei Vollmond bis 1 Uhr

Vogelsberg ▸ C3/4

Dann Herbstein im Vogelsberg mit seiner uralten Stadtbefestigung, den stolzen Fachwerkbauten und den Türmen: Der rührige Pastor Theodor Bindewald (1829–1880) hat hier Sagen gesammelt, die sich bisweilen lesen wie Kriminalstorys – etwa jene von dem arglosen Pfarrer Ludwig Reitz, der eines Tages zur Erntezeit des Jahres 1550 von Räubern gefangen und entführt wird, sich aber selbst aus den Ketten befreien und fliehen kann. Der »Tatort« lässt grüßen.
Freiensteinau und Schloss Eisenbach, Nieder-Moos und die Hohensteinklippen im Steinaubachtal, die Teufelshöhle, die Almosenwiese: allesamt Orte im unteren Vogelsberg, die Geschichten erzählen.
Der Wanderweg »Felsentour« führt von Herbstein aus zu sagenumwobenen Plätzen. »Diebstein«, »Burgfrieden« oder »Felsenruhe« heißen die gewaltigen Brocken am Weg. Von einer weißen Frau wird in der Sage der »Felsenruhe« berichtet, die zur Mitternacht erscheint: Wohlgesonnenen backt sie Pfannkuchen. Wer sie aber ärgert, um den ist's geschehen. Dann wird sie zur »wilden Frau« – im Vogelsberg ein Synonym für Frau Holle, die hier viele Behausungen hat. Die Brüder Grimm sind inmitten solcher Erzählungen aufgewachsen. Sie haben schon in Kinderjahren gelernt, ihnen zu lauschen.

MERIAN-Tipp 1

KLETTERWALD MIT BAUMKRONENPFAD AM HOHERODSKOPF ▸ C4

Der Hoherodskopf ist eine der höchsten Erhebungen im Vogelsberg und das Ausflugsziel Nr. 1. Nach dem Kletterwald eröffnete hier im Jahr 2012 der erste schwebende Baumkronenpfad Europas, über den man von Baum zu Baum auf Hängebrücken läuft.
Naturpark Informationszentrum, 63679 Schotten-Hoherodskopf • Tel. 0 60 44/96 69 33-0 • www.hoherodskopf-info.de

MUSEEN

Keltenwelt am Glauberg ▸ C4

Zu Besuch beim Keltenfürsten in der Wetterau: Der lebensgroße Sandsteinadlige erblickte das Licht der Welt wieder, nachdem er 2500 Jahre am Rand des Glaubergs vergraben war. Im spektakulären Museumsneubau werden die Begräbnisstätte und keltische Grabriten erforscht.
Am Glauberg 1, 63695 Glauburg • Tel. 0 60 41/82 33 00 • www.keltenwelt-glauberg.de • Di–So 10–18 Uhr

SERVICE

AUSKUNFT

Region Vogelsberg Touristik GmbH ▸ C4

Vogelsbergstr. 137 a, 63679 Schotten • Tel. 0 60 44/96 48 48 • www.vogelsberg-touristik.de

TOUR 2

Studienzeit in Marburg

In der Universitätsstadt finden die Brüder Anschluss an akademische Kreise und lebenslange Freundschaften. Für einige Jahre wird Marbung zum Zentrum der deutschen Romantik.

◂ Junges Studentenvolk belebt die mittelalterliche Altstadt Marburgs mit ihren Brunnen und Fachwerkhäusern (▸ S. 27).

Marburg ▸ B3

»Fiat!«, schrieb Landgraf Wilhelm IX. auf Lateinisch unter das Bittschreiben der Witwe Dorothea Grimm: »Es möge geschehen.« Es war der 6. April 1802, und Jacob Grimm war als Student in Marburg angenommen. Es bedurfte dieser Sondergenehmigung durch den Herrscher (1743–1823), der zeit seines Lebens die Ideale des Absolutismus verfocht, weil es an der Universität so etwas wie einen sozialen Numerus clausus gab: Nachkommen von Landesdienern bis zur »siebten Classe in der Rang-Ordnung« waren zum Studium berechtigt. Siebte Klasse – das waren etwa Justizräte, Leibärzte, Professoren der Medizin oder Philosophie. Professoren der Theologie oder der Jurisprudenz gehörten gar zur sechsten Klasse. Als einfacher Amtmann in Steinau aber hatte der früh verstorbene Vater Philipp Wilhelm Grimm nur auf Stufe acht gestanden.

Es war, wie so vieles, eine Lektion fürs Leben. Jacob und Wilhelm mussten zeigen, dass sie als brillante Köpfe erstklassig waren. Gegner absolutistischer Herrschaft sollten sie bleiben bis ans Ende ihrer Tage.

Pauken am Kasseler Lyceum

1798, zwei Jahre nach dem Tod des Vaters, waren sie zunächst nach Kassel gegangen, um am Lyceum Fridericianum auf die Bildung aufzusatteln, die sie bei ihrem Präzeptor Zinckhan in Steinau eher ertragen als genossen hatten. Eine Schwester der Mutter, Henriette Zimmer, die als Kammerfrau am landgräflichen Hof ein gesichertes Einkommen hatte, griff ihnen dort unter die Arme. Die Jungen kamen beim Dritten Landgräflichen Mundkoch Abraham Vollbrecht in der Altstadt unter. Und sie brannten vor Ehrgeiz. Zum täglichen Pensum von sechs Schulstunden luden sie sich vier bis fünf Privatstunden Latein und Französisch beim Pagenhofmeister Dietmar Stöhr auf. Elf Stunden lernen jeden Tag!

In ihrer freien Zeit besuchten sie das Museum Fridericianum, das vom Lyceum in der Königstraße nur ein paar Schritte entfernt war. Sie bestaunten die Altertumssammlung, die Gemälde der alten Meister, die landgräfliche Bibliothek. Und sie entdeckten die Lektüre: Ritterromane, Familiengeschichten, Sagen, Märchen – in akribisch geführten Listen zeichnete Jacob auf, was er mit seinem Bruder Wilhelm in Antiquariaten aufgestöbert oder auch auf der Löwenburg gefunden hatte, jener erst kurz zuvor erbauten künstlichen Burgruine oberhalb von Schloss Wilhelmshöhe, mit der Landgraf Wilhelm im Angesicht der Unruhen im benachbarten Frankreich seiner romantischen Sehnsucht nach vergangenen Zeiten huldigte.

Der kleine Rückgriff auf Kassel in Vorbereitung auf Marburg und Umgebung ist hilfreich, weil so vieles dort den Brüdern ihren Weg vorgab, für den sie sich nach 1802 in der alten Universitätsstadt an der Lahn mit Begeisterung entscheiden sollten. Auf dem Lyceum hatten die hochbegabten Kollegiaten nicht nur das fachliche und intellektuelle Rüstzeug erworben für ihre Arbeit als Sammler von Mythen und Märchen, als Rechtsgelehrte, Zeitkritiker und Sprachforscher, sondern auch eine Selbstgewissheit entwickelt, die bisweilen gar die Züge von juveniler Arroganz annehmen konnte. Schon früh hatten sie sich ein schnelles und treffsicheres Urteil über die Qualität von Literatur angewöhnt; ihren Lehrer Carl Ludwig Richter kritisierten sie, er biete ihnen zu wenig Philologie und Geschichte und sei zudem pädagogisch ein Wirrkopf und nicht geeignet, Freude am Unterricht zu wecken. Lausebengel von 13, 14 Jahren! Doch auch schwache Pädagogik kann Flügel verleihen: Die Brüder lernten, sich Ausgleich zu schaffen. Zum Abschluss attestierte das höhere Lehrinstitut dem Älteren: »Das Lob herrlicher Geistesgaben und eines unaufhaltsamen Fleißes verdient der edle Jüngling Jacob Grimm.« Wilhelm folgte ein Jahr später, das Lob für seine Leistungen und Fähigkeiten fiel kaum weniger enthusiastisch aus.

Freundschaften fürs Leben

Marburg also. Die erste Begeisterung hielt sich in Grenzen. »Die Lage Marburgs und umliegende Gegend ist gewiss sehr schön«, räumt Jacob Grimm im Brief an einen Schulfreund des Lyceums in Kassel ein, »besonders, wenn man in der Nähe des Schlosses steht und da heruntersieht. Die Stadt selbst aber ist sehr hässlich. Ich glaube, es sind mehr Treppen auf den Straßen als in den Häusern. In ein Haus geht man gar zum Dache hinein.«

Aber wie relativ ist Schönheit! Und wie verständlich der erste Griesgram: Jacob Grimm war einsam. Wilhelm, mit dem er nun zeit seines Lebens in einer Kammer geschlafen und an einem Tisch gearbeitet hatte (und so sollte es mehr oder weniger für den Rest des gemeinsamen Lebens bleiben), brauchte noch ein Jahr in Kassel. Nicht lange, und Marburg wurde für die Brüder ein Ort, mit dem sie Erinnerungen an das reine Glück verbanden. Der Ort, an dem sie Freundschaften fürs Leben schlossen. An dem sie Überzeugungen entwickelten und in hitzigen Debatten verteidigten. Und an dem sie ein Ziel fanden, das ihnen für ein ganzes Leben Arbeit gab und danach Ruhm bis in den letzten Winkel der Welt.

Es ist alles noch da! Das Haus Barfüßerstraße 35 an der Ecke zur Wendelgasse, in dem Jacob und Wilhelm Grimm von 1802 an wohnten. Heute betreibt ein Händler für Bio-Feinkost darin sein Geschäft; eine kleine Marmortafel zwischen den Fenstern der ersten Etage erinnert an die früheren Bewohner. Der Rechtsgelehrte Friedrich Carl von Savigny (1779–1861), zeitweilig verehrter und zeitlebens respektierter Lehrer der Brüder, lebte in der Ritterstraße 15, im alten Forsthof Ritterstraße 16 der Altphilologe Georg Friedrich Creuzer (1771–1858), der zeitweise zum Kreis der jungen Freigeister in Marburg gehörte. In den Annalen der Frühromantik in Deutschland spielt er eine unrühmliche Rolle, weil die junge und zu aller Hoffnung Anlass gebende Poetin Karoline von Günderrode aus unglücklicher Liebe zu dem zunächst sehr aufgeschlossenen, dann aber allzu verheirateten Gelehrten 1806 in den Freitod ging. Sogar Goethe hatte ihre unter dem Pseudonym Tian veröffentlichten Gedichte gelobt!

Die Brentano-Geschwister

Im Garten des Forsthofs erhebt sich – neben einem kleinen Lustpavillon – als Teil der mittelalterlichen Stadtmauer der Bettineturm. Be-

nannt ist er nach Bettine Brentano (1785–1859), später Bettine von Arnim, einer zentralen Figur im Netzwerk der deutschen Romantik, das von Jena bis Heidelberg gespannt war, von Berlin bis zum Genfer See. Die Tochter eines Großkaufmanns und Geheimrats aus Frankfurt war Anregerin und Impulsgeberin eines neuen, aus den Idealen der Französischen Revolution entwickelten Menschenbilds; als Chronistin ihrer Epoche, als hellsichtige Kommentatorin der politischen Verhältnisse und als eigenständige Dichterin wird sie auch heute noch bisweilen unterschätzt. Ihre Schwester Gunda (1779–1863) war mit Savigny verheiratet, ihr Bruder, der Dichter, Liedersammler und Lebemann Clemens Brentano (1778–1842) lebte mit seiner Ehefrau, der von Schiller hochverehrten Dichterin Sophie Mereau (1770–1806), ebenfalls einige Zeit in Marburg, Reitgasse 6. Alles noch da!
Clemens hatte in Jena ein Medizinstudium begonnen. Was ihn jedoch viel mehr faszinierte, waren Literatur und Philosophie und die Begegnung mit den großen Geistern der Weimarer Klassik und der frühen Romantik: Wieland, Herder und Goethe, Schlegel, Fichte und Tieck. Brentano hatte sie alle gekannt. Damit verkörperte er die große Welt. In Göttingen dann lernte er den Poeten Achim von Arnim (1781–1831) kennen, einen Freund fürs Leben, der später als Ehemann Bettines sogar sein Schwager werden sollte.
Der Kreis war geschlossen, für einen glücklichen Moment war Marburg ein Zentrum der jungen Romantik. Dann gingen sie auseinander: Brentano und von Arnim nach Heidelberg, ebenso Creuzer. Jacob

Die Zimmer des historischen Marburger Gasthofs »Zur Sonne« von 1569 sind zum Teil mit alten Möbeln ausgestattet.

In der Alten Universität in Marburg studiert ab 1802 Jacob Grimm, seine Bruder Wilhelm folgte ihm kurze Zeit später (▸ S. 29).

Grimm zunächst mit Savigny 1805 für ein halbes Jahr nach Paris, wo er half, in der Nationalbibliothek Dokumente für dessen »Geschichte des Römischen Rechts im Mittelalter« zu bergen (und in den Archivalien seine Begeisterung für die alten Zeiten bestätigt fand), anschließend mit Wilhelm nach dessen juristischem Examen nach Kassel. Die schaurige Gegenwart der Pariser Plätze, auf denen wenige Jahre zuvor Tausende guillotiniert worden waren, relativierte Jacobs Begeisterung für die Ideale der Französischen Revolution. Die Freundschaften aber blieben bestehen. Die Grimms trugen bei zur Liedersammlung der Heidelberger, die bald unter dem Titel »Des Knaben Wunderhorn« erscheinen sollte. Jene gaben wohl den Impuls, in Kassel eine Sammlung von Mythen und Märchen aus dem Volke zu beginnen. Es waren Netzwerke fürs Leben.

Im romantischen Bettineturm

Bettine blieb eine Symbolfigur der Marburger Zeit: schwelgerisch, genial, manchmal kindisch exaltiert, manchmal träumerisch. Der Turm im Garten des Forsthofs hieß zu ihrer Zeit »Pitzenhenns Turm«, weil gut 200 Jahre zuvor hier ein Alchemist und Falschmünzer namens Pitzenhenn in Haft gesessen hatte. Für Bettine waren der verwitterte Turm und seine Geschichte so etwas wie ein Fluchtort, ein Ort, an dem der romantische Geist zum Erlebnis wurde: »Ich war in einer sehr glücklichen Geistesverfassung«, schreibt sie in ihrem Roman »Goethes Briefwechsel mit einem Kinde«, »andre würden sie Überspannung nennen, aber mir war sie eigen. An der Festungsmauer, die den großen Garten umgab, war eine Turmwarte, eine zerbrochene Leiter stand drin. Die frische Luft, die ich witterte, lockte mich nach oben – wie war mir da, wie ich plötzlich durch Schnee und Mondlicht die weitverbreitete Natur überschaute, allein und gesichert, das große Heer der Sterne über mir!«

Ein neuer Blick auf die Welt

Das Marburger Haus der Romantik am Markt 16 hält die Erinnerung an diese bewegten Zeiten wach. Wer einer der Wechselausstellungen zur Musik, zur Briefkultur oder zur Malerei des frühen 18. Jh. oder die Dauerausstellung zur Salon- und Gesprächskultur jener Jahre besucht, vor allem aber, wer sich auf eine der literarischen Führungen durch die Stadt einlässt, taucht tief ein in eine Epoche, in der eine Generation junger Wissenschaftler und Literaten ihre Welt plötzlich mit ganz neuen Augen sah. Wie verzaubert war diese Welt, aufgeladen mit Geschichte, beseelt und trotzdem so frisch und unschuldig, wie Bettine sie von ihrem Turm aus gesehen hatte: grenzenlos und klar wie frisch gefallener Schnee unter einem Meer von Sternen.

Was diese Welt ausmachte, war die Gleichzeitigkeit von Weite und Vertrautheit, von ausgiebig geführtem Briefwechsel mit fernen Freunden und einer verwirrenden wie beglückenden, bis dahin nicht gekannten Intimität. Romantik war auch als Lebensgefühl eine Entdeckung.

Ihr Marburger Zentrum lag im Umkreis der Savignys und Brentanos bei den Burgmannenhöfen in der Ritterstraße. Ganz passend vielleicht, dass heute das Studentenwerk der Uni hier ein Wohnheim mit 53 Zimmern in zwei Häusern unterhält. Besondere Bemerkungen: »Sanitäreinrichtungen oder Küchen werden zu dritt, zu viert oder mit 7 Personen genutzt.«

Göttingen habe eine Universität, schrieb der Dichter Ernst Koch (1808–1858; er wohnte übrigens im Hause Markt 13) in seinem Roman »Prinz Rosa-Stramin« mit einem Zungenschlag von leichter Ironie – aber Marburg sei eine Universität.

Ein städtebauliches Kleinod

Rund 6000 Einwohner hatte das Städtchen damals, 1803 zählte die Universität 164 Studenten. Nicht genug, so fürchteten die Marburger Bürger und beklagten Bildungsnotstand, den schmalen Etat von kaum mehr 100 Talern pro Jahr und die strikte Studienbeschränkung.

Marburg ist Universitätsstadt geblieben, eine der bedeutendsten und traditionsreichsten Deutschlands. Was aber seit den Zeiten der Savignys, der Brentanos und Grimms die Studenten und Professoren anlockt und Besucher fasziniert, ist neben der großen Geschichte der Stadt ihre historische Geschlossenheit: vom alles überragenden Schloss der Landgrafen über die 1283 geweihte Ordens-, Grabes- und Wallfahrtskirche der heiligen Elisabeth und die 1527 gegründete Universität, die erste protestantische der Welt, bis zu den verschachtelten Stein- und Fachwerkhäusern, die sich um enge, verwinkelte Gassen rings um den steilen Burgberg drängen.

Die ganze Stadt ist ein Ensemble, Geschichte greift hinüber in die Gegenwart. Keineswegs ungewöhnlich, dass heute Studenten in einem Haus wohnen, in dem vor 200 Jahren die führenden Denker der Romantik Kissenschlachten veranstaltet, alte Weisen gesungen und sich die Köpfe heißgeredet haben. Und in dem ein paar Jahrhunderte zuvor schon die adeligen Burgmannen gelebt hatten.

Ob die Marburger Altstadt eine Märchenkulisse sei, fragen die Betreiber des »Grimm-Dich-Pfades«, mit dem im Jubiläumsjahr der grimmschen Kinder- und Hausmärchen Besucher der Stadt auf verschiedenen Stationen an die bekannten Märchenfiguren und ihre Entdecker herangeführt werden. Man könnte so etwas nun abtun als touristische Albernheit, ein bisschen schrill, ein bisschen arg bunt – Tatsache bleibt, dass eine Stadt wie Marburg gewiss den Brüdern Grimm so etwas wie ein Gefühl für Heimat, für Geschichte und für Geheimnis gegeben hat. Einen Blick für Märchen.

Treppauf, treppab ...

Und wie war das noch mit den Treppen? Und mit den Häusern, die so eng an den steilen Hang des Schlossbergs gebaut wurden, dass ihr Eingang praktisch im Dachgeschoss liegt? Plötzlich, nachdem die Brüder hier einen so lebendigen, so reichen Freundeskreis gefunden haben, ist auch für die einst leicht schnöseligen Skeptiker das alles nur noch Ausdruck einer großen, verzauberten und geheimnisvollen Geschichte – ganz im Sinne der Romantik eben.

50 Jahre später, zum Doktor-Jubiläum des alt gewordenen Lehrers von Savigny, erinnert sich Jacob Grimm voller Rührung: »Zu Marburg muss man seine Beine rühren und Treppe auf, Treppe ab steigen. Aus einem kleinen Hause in der Barfüßerstraße führte mich durch ein schmales Gässchen und den Wendelstieg eines alten Turmes der tägliche Weg auf den Kirchhof, von dem sich's über die Dächer und Blütenbäume sehnsüchtig in die Weite schaut, dann stieg man an der Mauerwand wieder in eine höherliegende Gasse vorwärts zum Forsthof, wo Professor Weis noch weiter hinauf wohnte. Zwischen dessen Bereich und dem Hoftor unten, mitten an der Treppe, klebte wie ein Nest ein Nebenhaus, in die Sie Ihr heiteres, sorgenfreies und der Wissenschaft gewidmetes Leben lebten.« Es ist alles noch da!

Natürlich hatten es dem Studenten vor allem die Bücherregale angetan, darin die Quartanten mit Johann Jacob Bodmers 1758 erschienener Sammlung mittelalterlicher Minnelieder. »Das erfüllte mich mit einer Ahnung«, gesteht der Gelehrte – und auch der Schluss seiner Schilderung könnte Wehmut wecken: »Wenn ich frischen Atem bei Ihnen geschöpft hatte, und mich, ich wusste kaum wie, aus den Schranken gehoben fühlte, in denen meine ganze Art vorhin befangen war, schritt ich frohgemut, über Stock und Stein springend, die Stufen hinab nach Haus in mein kleines Stübchen. Damals lag meine Seele offen vor Ihnen, ich hätte Ihnen alles anvertrauen können.«

Friedrich Carl von Savigny war 24, als er zum Professor ernannt wurde. Jede Ähnlichkeit mit dem Studienbetrieb einer heutigen Universität wie Kiel oder Konstanz, München oder Marburg oder mit den Büchern im Regal eines modernen Juristen wäre ein kleines Wunder. Ganz abgesehen davon, dass kein normaler Student vor der Bücherwand seines Dozenten in dessen Wohnzimmer auf die Leiter steigen dürfte ...

SEHENSWERTES

Alte Universität

In einem Dominikanerkloster aus dem 13. Jh. hat Landgraf Philipp die erste protestantische Universität ge-

gründet. Jacob und Wilhelm wurde hier 1819 die Ehrendoktorwürde verliehen. Heute ist die evangelische Theologie hier untergebracht, sehenswert ist die Aula von 1903.
Lahntor 3, 35037 Marburg • Di–So 9–18 Uhr

Elisabethkirche

Schon Jacob Grimm konnte sich für diese früheste rein gotische Hallenkirche aus dem 13. Jh. über dem Grab der heiligen Elisabeth begeistern.
Elisabethstr. 3, 35037 Marburg • Tel. 0 64 21/9 91 20 • www.elisabethkirche.de • Nov.–März tgl. 10–16, April–Sept. 9–18, Okt. 9–17 Uhr

MUSEEN

Marburger Haus der Romantik e. V.

Für ein paar Jahre zu Beginn des 19. Jh. war Marburg ein Zentrum der deutschen Romantik. Hier trafen sich u. a. Bettine und Clemens Brentano, Friedrich Carl von Savigny, Jacob, Wilhelm und Ludwig Emil Grimm, Sophie Mereau und Karoline von Günderrode.
Markt 16 (historisches Hochzeitshaus), 35037 Marburg • Tel. 0 64 21/91 71 60 • www.romantikmuseum-marburg.de • Di–So 11–13, 14–17 Uhr (Lesungen, Vorträge, Ausstellungen)

Museum für Kunst und Kulturgeschichte im Landgrafenschloss

Ab Ende 2012 neu eingerichtete Dauerausstellung im fünften Stock: »Ländliches Leben – Leben im Märchen, Brüder Grimm – Otto Ubbelohde«; Märchenbrunnen im Wilhelmsbau mit Installation »Das blaue Licht«.
Schloss 1, 35037 Marburg • Tel. 0 64 21/2 82 23 55 • Nov.–März Di–So 10–16, April–Okt. Di–So 10–18 Uhr

EINKEHREN

Hotel Vila Vita Rosenpark

Wie Prinz und Prinzessin wird man in den verschiedenen Suiten an der Lahn gebettet. Wellnesseinrichtungen und die hochwertige Küche runden das Wohlfühlprogramm ab.
Anneliese-Pohl-Allee 7–17, 35037 Marburg • Tel. 0 64 21/6 00 50 • www.rosenpark.com • Restaurant Zirbelstube (rustikal, regionale Speisen) Di–So 18–1 Uhr; Gourmetrestaurant Bel Etage Do–Sa ab 18.30 Uhr (mit einem Michelin-Stern gewürdigte Menüs)

kostBar Marburg

Wenige Schritte von der Studentenbude der Grimms entfernt werden heute köstliche Bio-Gerichte mit reichlich vegetarischem Angebot auf den Tisch gebracht.
Barfüßerstr. 7, 35037 Marburg • Tel. 0 64 21/16 11 70 • www.kostbar-marburg.de • tgl. 10–24 Uhr

Das kleine Restaurant

Über die Stadt hinaus bekannte feine Küche am Fuß des Schlossbergs.
Barfüßertor 25, 35037 Marburg • Tel. 0 64 21/2 22 93 • www.das-kleine-restaurant.de • Di–So 12–14, 18.30–23 Uhr

Restaurant Bückingsgarten

Wild und frischer Fisch im Restaurant, kleine Speisen im Biergarten hoch oben am Landgrafenschloss mit grandiosem Ausblick über die Altstadt. 1807 wurden hier erstmals Getränke ausgeschenkt.
Landgraf-Philipp-Str. 12, 35037 Marburg • Tel. 0 64 21/1 75 02 71 • www.bueckingsgarten-marburg.de • Mai–Okt. Mi–So 11–23, Nov.–April Mi–So 12–22 Uhr, Jan. geschl.

Die Alte Aula der Alten Universität ist gar nicht so alt. Sie wurde erst 1901 im historistischen Stil fertiggestellt und eingeweiht.

SERVICE

AUSKUNFT

Marburg Tourismus und Marketing GmbH

Gästeführungen: Auf den Spuren der Brüder Grimm, April–Okt. jeden letzten So im Monat, Treffpunkt: 11 Uhr am Marktbrunnen (Dauer: 2 Std., 5 €/Pers., auch als Gruppenführung ganzjährig buchbar); »Grimm-Dich-Pfad«-Führung (Dauer: 1 Std.); Pauschalangebote: Ein Tag mit den Brüdern Grimm, Märchenhaftes Marburg.

Pilgrimstein 26, 35037 Marburg • Tel. 0 64 21/9 91 20 • www.marburg.de, Programm des Marburger Grimm-Jubiläums 2012/2013 unter www.marburg.de/grimm

Die Märchen bekommen Bilder

Gut 100 Jahre nach den Begegnungen der Freunde in Marburg, bei denen die Begeisterung für Mythen, Sagen und Geschichten geweckt und wohl auch die Idee geboren wurde, das Überlieferte zu sammeln und festzuhalten, gab ein Maler den inzwischen in aller Welt verbreiteten Märchen der Brüder Grimm ihre Orte: So fliegt »Die Rabe« etwa über der Kaiserpfalz zu Gelnhausen.

Dieser Maler war Otto Ubbelohde (1867–1922). Studiert hatte er in München, die Kunstkademie dort galt seinerzeit als führend in Europa; aufgewachsen war er in Marburg. Rund um Goßfelden, wo er lebte, in Willingshausen, wo er seit 1902 Mitglied der berühmten, bis heute bestehenden Malerkolonie war (▸ S. 42), und in ganz Hessen fand er ebenjene Orte, an denen er den Klang der grimmschen Märchen in zeitübergreifende Bilder umzusetzen vermochte.

Die Orte sind Fiktion. Kein Mensch behauptet ernsthaft, dass es ausgerechnet der Himmel über dem Rimberg an der Lahn bei Marburg war, aus dem Frau Holle ihre Kissen geschüttelt hat. Kein Mensch will beweisen, dass Dornröschen tatsächlich im Schloss Weilburg in einen hundertjährigen Schlaf gefallen ist. Doch wer die prachtvolle, im 10. Jh. begonnene und durch die Epochen der Renaissance und des Barock immer weiter ausgebaute Residenz der Grafen und Herzöge von Nassau hoch über der Lahn erblickt – der fragt sich unwillkürlich: Wo sonst soll die Königstochter nach hundert Jahren von einem jungen Prinzen wachgeküsst worden sein?

Idealtypische Motive

Bis 1909 entstanden die insgesamt 448 Federzeichnungen, erkennbar beeinflusst vom zeittypischen Jugendstil, in denen der Künstler den Märchen reale Schauplätze zuordnet: die Fachwerkstädtchen, Burgen und Schlösser, die geheimnisvollen Ruinen, das wellige Land und die dichten Gehölze zwischen Spessart und Reinhardswald. Es waren die Landschaften der Heimat, und ganz Hessen wurde Märchenland: der Hohe Meißner und das Kinzigtal, der Vogelsberg und die Wetterau, der Taunus und die Schwalm.

Seine Maltechnik entsprach der Erzähltechnik der Brüder Grimm: Der Zeichner suchte sich eine Burg, einen Wald, eine einsame Mühle und hielt sein Sujet auf eine Weise fest, dass es die Erhabenheit, die Stille und die Einsamkeit aller Burgen, aller Wälder und aller Mühlen aus den Märchen in sich vereint. Idealtypisch. Und so sind die Zeichnungen bis heute eine Einladung, das Land zu entdecken, das den Märchen ihren Hintergrund gegeben hat. Keine schlechte Idee, einfach einen Stapel Postkarten mit Ubbelohdes Motiven zusammenzustellen und sie als Stationen einer Reise in die Märchenwelt der Brüder Grimm aneinanderzureihen: das sagenhafte Schloss Eisenbach bei Lauterbach im Vogelsberg, das Lusthäuschen auf dem Gutshof von Amönau, aus dessen Turmfenster Rapunzel sein Haar wallen lässt, die Martinskirche auf dem Christenberg bei Münchhausen, auf deren Kirchhof Aschenputtel das Grab ihrer Mutter richtet. Und das benachbarte Küsterhaus wurde auch gleich zum Hexenhaus bei »Hänsel und Gretel«.

Und jede Erdung der Märchen zieht neue Entdeckungen nach sich: die Wanderwege bei Münchhausen, die Stiftskirche St. Marien in Wetter mit ihren modernen Bleiglasfenstern, das mittelalterliche Runkel mit seiner stolzen Burg am Lahnufer und das zauberhafte Frankenberg an der Eder mit seinem zehntürmigen Rathaus.

MERIAN-Tipp 2

OTTO-UBBELOHDE-HAUS ▸ B3

Das Arbeits- und Wohnhaus des Zeichners gibt einen guten Einblick in sein Leben und Werk – und ist selbst ein Kleinod. Das Museum für Kunst- und Kulturgeschichte an der Universität Marburg präsentiert mit wechselnden Ausstellungen auch seine Gemälde.
Otto-Ubbelohde-Weg 30, 35094 Lahntal-Goßfelden • Tel. 0 64 23/ 96 44 02, Sa/So 11–17 Uhr

EINKEHREN

Hotel Die Sonne Frankenberg ▸ B2

Philipp Soldan Sterne-Restaurant, Sonne Stuben, Stadtweinkeller, Sauna & Spa, Arrangement: per Segway und Geocaching auf den Spuren der Brüder Grimm. Partnerhotel »Perlen – die führenden Hotels in der Heimat der Brüder Grimm«.
Marktplatz 2–4, 35066 Frankenberg • Tel. 0 64 51/7 50-0 • www.sonne-frankenberg.de

Village Landhotel ▸ B3

Wellnessangebote, vegetarische und regionale Küche, Bett+Bike.
Hauptstr. 38 a, 35904 Lahntal-Sarnau • Tel. 0 64 23/5 41 20 • www.village-hotels.de • Restaurant Di–Sa ab 17, So 11–17 Uhr

Alsfeld ▸ C3

… und ganz Hessen wurde Märchenland. Alsfeld etwa, ein Fachwerkstädtchen wie aus dem Märchenbuch, mehrfach preisgekrönt für seinen mustergültigen Schutz von Baudenkmälern und Stadtensemble. Prachtvolle Häuser wie etwa das Hochzeitshaus (1564–1571), das Rathaus (1512–1516) oder das Weinhaus (1538), das Minnigerode-Haus (1687), das Neurath-Haus (1688) oder auch das 1628 erbaute Alsfelder Märchenhaus mit seinen historischen Puppenstuben drängen sich um die gotische Walpurgiskirche mit ihrem berühmten Glockengeläut. Auf dem Bechtelsberg bei Alsfeld-Berfa sollen derweil Hexen in der Walpurgisnacht ihren derben Schabernack treiben. Der Märchen- und Mythensammler Johann Heinrich Schwalm (1864–1946) überliefert dazu die Sage »Der Hochzeiter aus Berfa«. Richtig gruselig!

SEHENSWERTES

Märchenhaus & Puppenstube

Märchenerzählungen und Puppenstubensammlung aus dem Erzgebirge.
Sackgasse 2, 36304 Alsfeld • Sa/So 14–17, in den hessischen Schulferien und während des Alsfelder Weihnachtsmarkts tgl. 15–17 Uhr

Märchenhafte Stadtführung

Mit 13 Schauspielern und Pauschalangebot »Rotkäppchenwochenende« (Übernachtung, Spezialitätenrundgang, Begrüßung im Märchenhaus, Vier-Gänge-Märchenmenü).
Infos: Tourist Center Alsfeld, Markt 3, 36304 Alsfeld • Tel. 0 66 31/18 21 65 • www.tca-alsfeld.de

Naturpark Hoher Vogelsberg

Informationszentrum Hoherodskopf, 63679 Schotten • Tel. 0 60 44/9 66 93 30 • www.hoherodskopf-info.de • Mai–Okt. tgl. 10–17, Nov.–April 11–17 Uhr

EINKEHREN

Restaurant Taufsteinhütte ▸ C4

Am Hoherodskopf 2, 63697 Schotten • Tel. 0 60 44/23 81 • www.taufstein huette.de • Mi–So 11.30–23 Uhr

Marktcafé

Im historischen Hochzeitshaus, Mainzer Gasse 2, 36304 Alsfeld • Tel. 0 66 31/34 85 • www.alsfeld-marktcafe.de • Mo–Fr 7–18.30, Sa 6.30–18.30, So 10–18.30 Uhr

Im Schwälmer Land ▸ C2

Für die Brüder Grimm waren auch die Region um die alten Städte Treysa und Ziegenhain mit ihren Fachwerkhäusern, Festungsmauern und gotischen Kirchen – seit 1970 zusammengefasst zu **Schwalmstadt** – Fundort

reicher Schätze. Friederike Mannel etwa, Pfarrerstochter aus Allendorf an der Landsburg, überlieferte aus ihrer Umgebung Märchen wie »Die Goldkinder« und »Fundevogel«, der Lehrer und Pfarrer Ferdinand Siebert aus Treysa erzählte den Grimms u.a. die Märchen »Vom klugen Schneiderlein«, »Der Arme und der Reiche« oder »Die drei Brüder«.
Vor allem aber: Zu der Tracht der Frauen und Mädchen im Schwälmer Land gehören rote Käppchen. Die Region zwischen Kellerwald und Knüllgebirge ist Rotkäppchenland! Wen kümmert es da groß, dass auch in der Gegend um Kassel und um Hanau von einem Mädchen mit roter Kappe erzählt wurde, das auf dem Weg zur Großmutter im Wald einem bösen Wolf begegnet? Es waren Frauen hugenottischer Herkunft, die solche Geschichten an die Grimms weitergegeben haben. Tatsache ist, dass schon der Franzose Charles Perrault (1628–1703) »Le petit Chaperon Rouge«, also »Rotkäppchen«, in seiner Märchensammlung publiziert hatte, gut 100 Jahre vor Jacob und Wilhelm Grimm. Tatsache ist aber auch, dass genau hier, im Schwälmer Land, die roten Käppchen seit Ewigkeiten zur Tradition gehören …

Fiktion und Wirklichkeit

Das Dorfmuseum in Holzburg mit seiner Trachtensammlung führt den Beweis. Und die Gemeinde **Schrecksbach**, zu der Holzburg gehört, illustriert selbst, wie nah Fiktion und Wirklichkeit einander manchmal sein können: Lange hieß es, der Name sei erstmals in einer Urkunde Karls des Großen erwähnt worden. Dann stellte sich heraus, dass der Beleg eine Fälschung war. Die schlichte und schöne Kapelle auf ihrem Hügel im Ortsteil Schönberg, ein Wanderziel und traditionsreicher Wallfahrtsort zu Christi Himmelfahrt, konnte dennoch im Jahr 2009 ihr 1000-jähriges Bestehen feiern.

MUSEEN

Schwälmer Dorfmuseum Holzburg

Ausstellungen zur Schwälmer Tracht und alten Handwerksberufen.
Hohlweg 2 a, 34637 Schrecksbach-Holzburg • Tel. 0 66 98/91 14 05 • www.dorfmuseum-holzburg.de • April–Okt. So 14–17 Uhr

EINKEHREN

Hotel-Restaurant Rosengarten

Breites Speisenangebot, u.a. Schwälmer Wurstplatte oder Dicke Klös' im schmucken Fachwerkhaus, Biergarten ab Mai.
Muhlystr. 3, 34613 Schwalmstadt-Ziegenhain • Tel. 0 66 91/9 47 00 • www.rosengarten-schwalmstadt.com • Mo 17.30–22.30, Di–Sa 11.30–14.30, 17.30–22.30, So 11.30–14.30 Uhr

Rund um das Knüllgebirge

Wie **Oberaula** am Südhang des Knüllgebirges (erstmals erwähnt 856!) ist auch die Gemeinde **Knüllwald** voller Zeugnisse für eine reiche und bewegte Geschichte – auch aus der Zeit, bevor die 16 Dörfer 1971 im Rahmen der hessischen Verwaltungsreform zu einer einzigen Gemeinde zusammengefasst wurden. Publikumswirksam lebendig wird diese Vergangenheit vor allem bei den alljährlich stattfindenden Ritterspielen in der Burgruine Wallenstein im Tal der Efze. Aber auch Teilgemeinden wie Remsfeld, Nieder- und Oberbeisheim oder Berndshausen lassen deutlich ihre weit zurückreichenden Wurzeln erkennen. Und der Hutewald bei Rengshausen mit seinen uralten, knorrigen Bäumen ist so verwunschen und wild, wie es ein Märchenwald nur sein kann.

EINKEHREN

Flair-Hotel zum Stern ▸ D3

Wellness, E-Bike-Leihstation, Tennisplatz, Hallenbad. Im Restaurant Wild und Fisch aus der Region sowie Märchengerichte. Partnerhotel »Perlen – die führenden Hotels in der Heimat der Brüder Grimm«.

Hersfelder Str. 1, 36280 Oberaula • Tel. 0 66 28/9 20 20 • www.hotelzumstern.de

Radeln im Rotkäppchenland

Ob Rotkäppchen wohl Fahrrad gefahren ist? Nein, ist sie natürlich nicht. Genauso wenig wie Goethe einst hinter dem Frankfurter Hauptbahnhof spazieren gegangen ist, wie es mal ein Journalist behauptet hat: Es gab damals noch keinen Bahnhof. Und keine Fahrräder. Aber der Rotkäppchen-Radweg, ausgewiesen vom Fahrradclub ADFC, führt durch sanftes Hügelland, durch Wälder und in hübsche Fachwerkstädtchen.

Und wenn es wirklich das Land war, das die Märchenerzähler und hie und da auch die Märchensammler selbst inspiriert hat, dann ist das Fahrrad ein gutes Verkehrsmittel, sein Flair auch heute noch zu genießen: gemächlich genug, um die Nähe zur Natur zu spüren, schnell genug, um den Wechsel der Landschaft zu erleben.

Über 70 km geht es also mit dem Fahrrad durchs Rotkäppchenland: vom Bahnhof Treysa bis zum Bahnhof Bad Hersfeld. Kernstück der Route ist der 25 km lange **Bahntrassenradweg Rotkäppchenland**, wo man auf der ehemaligen Trasse der Knüllbahn unterwegs ist.

Verlauf: Treysa – Ziegenhain – Loshausen – Riebelsdorf – Neukirchen – Nausis – Kleinropperhausen – Steinmühle (Schorbach) – Bahnhof Ottrau – Görzhain – Weißenborn – Olberode – Hausen – Oberaula – Wahlshausen – Frielingen – Hedersdorf – Kirchheim – Kleba – Niederaula – Mengshausen – Kerspenhausen – Kohlhausen – Bad Hersfeld. Das besondere Souvenir: eine Rotkäppchenpuppe, die in einen Wolf und die Großmutter verwandelt werden kann. Erhältlich bei den Touristinformationen.

SERVICE

AUSKUNFT

Tourismusservice Rotkäppchenland e. V. ▸ D3

Hauptstr. 2 a, 36275 Kirchheim • Tel. 0 66 25/91 95 97 • www.rotkaeppchenland.de

Ottrau und Bad Hersfeld

▸ C3 und D3

Die Rotkäppchenroute führt auch nach Ottrau, wo Urgroßvater und Großvater der Brüder Grimm herstammen. Der Großvater mütterlicherseits wurde 1709 im Ahnhaus in der Lindenstraße geboren, wo 1680 schon der Urgroßvater zur Welt gekommen war. Das schlichte Ahnhaus der Familie Zimmer ist noch im Ortsteil Weißenborn zu besichtigen.

Und dann wieder aufs Rad und weiter durch das Rotkäppchenland. Einen Höhepunkt bildet Bad Hersfeld: Das tapfere Schneiderlein könnte in der Tuchmacherstadt zu Hause gewesen sein – plausibel wäre es, so plausibel ein Märchen eben sein kann.

Historisch handfest dagegen ist die Ruine der Stiftskirche, die Theaterfreunden bei den Bad Hersfelder Festspielen eine so grandiose Kulisse bietet. Der Kurpark mit Wandelhalle, Park und Quellpavillon – auch hier bietet sich ein kleiner Abstecher in eine andere, eine ruhigere Zeit. Ein Bummel durch die Altstadt mit dem spektakulären Rathaus von 1371 (umgebaut 1607 und 1612 im üppigen Stil der Weserrenaissance), der Marktplatz mit seinen Patrizierhäusern, die Stadtkirche mit ihrer bewegten Geschichte und die auf 1038 datierte, älteste Glocke Deutschlands im Katharinenturm der Stiftsruine. Geweiht wurde sie Lullus, dem Missionar und Erzbischof von Mainz, der 786 in Hersfeld starb und in der Klosterkirche beigesetzt wurde.

MUSEEN

Konrad-Duden-Museum

Konrad Duden, der Erfinder der einheitlichen deutschen Rechtschreibung, steht in direkter grimmscher Tradition. Er war seit 1876 in Bad Hersfeld Schuldirektor, unterrichtete dort über 30 Jahre lang und ist auf dem Stadtfriedhof begraben. In Dudens ehemaligem Wohnhaus wird an sein Leben und Werk erinnert.

Am Neumarkt 39, 36251 Bad Hersfeld • Tel. 066 21/7 59 32, So 15–17 Uhr

Märchenhaus ▸ C3

Mengenweise märchenhafte Exponate und lebendiges Märchenerzählen mit Gudrun Grünberg.

Am Marktplatz 10, 34626 Neukirchen • www.neukirchen.de • Tel. 066 28/77 24 95, März–Dez. Di 10–12, 15–17, jeden 1. So im Monat 15–17 Uhr, Termine für Gruppen nach Vereinbarung

Wortreich

In der höchst originellen Mitmachausstellung rund ums Thema Sprache und Kommunikation sind die Besucher aufgefordert, an 90 Mitmachstationen hinzuhören, zuzusehen und kreativ zu werden.

Benno-Schilde-Platz 1, 36251 Bad Hersfeld • Tel. 066 21/79 48 90 • www.wortreich-badhersfeld.de

Abt Lullus wirft einen Blick aufs schmucke Hersfelder Rathaus (▸ S. 39).

EINKEHREN

Göbel's Schlosshotel »Prinz von Hessen« ▸ D3

Wie ein König wird man hier gebettet und ist stets von der Zahl Sieben umgeben. Märchen des Hauses ist das Tapfere Schneiderlein. Partnerhotel »Perlen – die führenden Hotels in der Heimat der Brüder Grimm«.

Schlossplatz 1, 36289 Friedewald • Tel. 066 74/9 22 40 • www.schlosshotel.com

Kein Märchen! Im Wildpark Knüll kann man echte Wölfe sehen (▶ S. 40).

Zuspann's im Ratskeller

Durchgehend warme Küche, märchenhafte Desserts, Menütipp: »Spaziergang im Märchenwald«.

Weinstr. 16, 36251 Bad Hersfeld • Tel. 0 66 21/7 99 47 99 • www.zuspann.de • Di–So ab 11 Uhr

SPORT UND FREIZEIT

Kulturhistorischer Wanderweg

Der Startpunkt ist in Ottrau an der Linde unweit des grimmschen Ahnhauses in der Lindenstraße (4,6 km). Wanderführer im Märchenkostüm und die Brüder Grimm persönlich können dazugebucht werden.

Infos: Gemeindeverwaltung Ottrau, Neukirchener Str. 1, 34633 Ottrau • Tel. 0 66 39/9 60 90 • www.ottrau.de

SERVICE

AUSKUNFT

Touristinformation Bad Hersfeld

Es sind auch Stadtführungen zu den Themen Konrad Duden, Sprache oder Tapferes Schneiderlein buchbar.

Am Markt 1, 36251 Bad Hersfeld • Tel. 0 66 21/20 12 74 • www.bad-hersfeld.de

Homberg an der Efze ▶ C2

Der Wolf indes ist im Wildpark Knüll in Sicherheit gebracht worden. Auch Luchse, Bären und eine große Zahl wilder Tiere vom anderen Ende der Nahrungskette leben hier, etwa Hirsche, Ziegen, Eulen und Waschbären – doch sollte niemand über den allgegenwärtigen Verweisen auf das tapfere Rotkäppchen die lebendige Gegenwart der Vergangenheit im Städtchen Homberg an der Efze aus den Augen verlieren. Obwohl auch Homberg heute 20 Stadtteile umfasst, ist ein städtischer Charakter unverkennbar – wie in Alsfeld oder Marburg ist es vor allem das geschlossene Ensemble aus Kirchen und Befestigungsmauern, aus Türmen, Stiftsgebäuden, verwinkelten Gassen, stolzem Fachwerk und harmonischen Plätzen, das seinen Reiz ausmacht. Über alledem thront wie eine Glucke in ihrem Nest die hochgotische Marienkirche.

Es sind Städte wie Homberg, Fritzlar oder Melsungen, in denen das Leben und Wirken der Handwerker und Kaufleute, der Bauern, Bürger und ihrer Herrschaften noch heute gegenwärtig ist. Als könnte jeden Moment eine Kutsche oder ein Pferdefuhrwerk um die Ecke biegen und über das Kopfsteinpflaster der engen Gassen auf den Marktplatz rumpeln.

SEHENSWERTES

Wildpark Knüll

Zwei Braunbären, ein Wolfsrudel, dazu viel Damwild und natürlich ein Streichelzoo. Der Tourismusservice Rotkäppchenland ist Pate des Leitwolfs, denn was wäre das Rotkäppchen ohne den Wolf?

Im Seckenhain, 34576 Homberg (Efze) • Tel. 0 56 81/28 15 • www.wildpark-knuell.de • April–Okt. tgl.

9–19, Nov.–Jan. nur Sa/So 10 Uhr bis zur Dämmerung, in den hessischen Weihnachtsferien tgl. geöffnet, Feb.–März tgl. 10 Uhr bis zur Dämmerung

EINKEHREN

Hotel & Restaurant Hohlebach Mühle

Nordhessische Gerichte wie frische Knüllwaldforellen im romantischen Ambiente der alten Mühle, die noch ein Mühlrad hat, das sich dreht!
Ziegenhainer Str. 51, 34576 Homberg (Efze) • Tel. 0 56 81/93 83 80 • www.hohlebachmuehle.de • Di–Fr 17.30–23, Sa/So und feiertags ab 11.30 Uhr

Landhotel Zinn ▸ D2

Rotkäppchenwochenende mit Picknickkorb, Vier-Gänge-Menü und Besuch beim bösen Wolf im Wildpark Knüll. Ideal auch als Ausgangspunkt für Wanderungen im märchenhaften Knüllgebirge.
Burgstr. 6, 34593 Knüllwald-Wallenstein • Tel. 0 56 86/3 95 • www.landhotel-zinn.de

Sturmfreie Bude

Die Grimms haben dieses Land in vollen Zügen in sich aufgenommen. Sie waren Studenten, sind gereist, und wenn ein Fuhrwerk nicht zur Verfügung stand, auch gewandert. Wie an jenem Tag im Jahre 1803, als ihnen auf dem Frauenberg bei Marburg mit seiner verwitterten Burgruine der Gedanke kam, zur feierlichen Erhebung des Landgrafen in den Kurfürstenstand zu Fuß nach Kassel zu ziehen. Nun ja, erst mal bis Willingshausen. Dort, so versprach der Studienfreund Fritz von Schwertzell, Sohn des dortigen Schlossbesitzers, werde sich schon eine Kutsche auftreiben lassen. Der Plan scheint sich dann aufgelöst zu haben. Wozu den weiten Weg nach Kassel machen?, erinnert sich Jacob Grimm. Es war doch alles da. Und die Bude war sturmfrei. »Wie wir da behaglich schmausten, kam eine Deputation junger Bauernburschen (sic!), und bat den gnädigen Herrn um die Erlaubnis, daß eine große Gesellschaft Hochzeitsgäste auf dem Schloss tanzen dürfe, weil der Raum im Hause nicht dazu geeignet sey. Es waren anständige und wohlhabende Leute, wie überhaupt in der fruchtbaren Gegend an der Schwalm Wohlstand und Sitte herrschten. Nach kurzer Überlegung wurde vom Freund, der hier den Guts- und Gerichtsherrn mit Würde vertrat, die Genehmigung ertheilt. Wir öffneten die Flügelthüren, die nach der (sic!) Hausflur führten, und diese war bald mit der ganzen Hochzeitsgesellschaft gefüllt. Bald aber wurden auch wir von hübschen Bauernmädchen zum Tanze eingeladen, und der junge Herr zeigte, dass er den lustigen Nationaltanz, den Schwälmer, vollkommen inne hatte.«

Rebellion gegen Bonaparte

Und Heldentaten haben sie hier auch zu Zeiten der Brüder Grimm noch vollbracht! Der Aufstand gegen den französischen Besatzungskönig Jérôme Bonaparte (1784–1860), Herrscher über das Königreich Westfalen in Kassel, formierte sich 1809 in Homberg unter Leitung des Obersten Freiherr Wilhelm von Dörnberg. Das war mutig, denn der große Bruder Napoleon war noch immer wild entschlossen, sich ganz Europa zu unterwerfen. Das Gartenhaus, in dem sich die Verschwörer heimlich trafen (heißt heute Dörnberg-Tempel), steht auf den Resten eines alten Turmes in der Stadtmauer.

Im Fokus

Malerkolonie Willingshausen

Ein einarmiger Offizier begründete im Süden der Schwalm in den 1820er-Jahren die älteste Künstlervereinigung in Europa.

Wieder einmal ein Krieg, der die Dinge in Bewegung setzte: Oktober 1813, die Völkerschlacht bei Leipzig. Eine Koalition aus Preußen, Österreichern, Schweden und Russen hatte Napoleon in die Flucht getrieben – Gerhardt Wilhelm von Reutern (1794–1865) kam verwundet nach Willingshausen im Schwälmer Land. Der in russischen Diensten stehende Balte hatte im Gemetzel seinen rechten Arm verloren. Die Familie des Schlossbesitzers von Schwertzell, angeheiratete Verwandte, pflegte ihn gesund. Reutern reiste nach Weimar, begegnete Goethe, und der Dichter war beeindruckt vom Talent des jungen Offiziers. »Malen Sie!«, riet er – der Soldat hatte damit einen neuen Lebensinhalt gefunden. Die farbenfrohe Tracht des Schwälmer Landes bot gute Gelegenheit, Auge und Hand zu schulen, der Autodidakt komponierte Genreszenen und hielt die sanft geschwungene Landschaft fest. Reutern heiratete Charlotte von Schwertzell, eine Tochter des Schlossbesitzers, Willingshausen wurde seine Heimat, und die Familie des Zaren sorgte mit Aufträgen für sein Auskommen. Viele seiner Bilder gelangten so in die Eremitage nach St. Petersburg.

Ein Freundeskreis entsteht

1824 kam Ludwig Emil Grimm hinzu. Er hatte an der Kunstakademie in Kassel studiert und anschließend in

◂ Malkurs in der ältesten Malerkolonie Europas in Willingshausen (▸ S. 42).

München; er kannte Willingshausen, liebte die Landschaft und genoss die ländliche Ruhe. Nun suchte auch Reutern sein Spektrum zu erweitern und seine Technik zu verfeinern. Er ging an die Akademie nach Düsseldorf, brachte seinen dortigen Lehrer Theodor Hildebrandt und dessen Kollegen Jakob Fürchtegott Dielmann nach Willingshausen – der Freundeskreis erweiterte sich zur Malerkolonie, zur ältesten Künstlervereinigung in Europa. Bald mischten sich die Erkenntnisse und Stile der Düsseldorfer und der Münchner Schule, der Akademien in Berlin und Frankfurt, Dresden und Weimar zu einem eigenen Amalgam, das immer mehr Künstler anlockte: Das idyllische Dorf in der Schwalm lag im Schnittpunkt ihrer Sphären.

Internationale Bedeutung

In der Romantik wurde Willingshausen international, bis zum Impressionismus galt der Name als Institution: Ludwig Knaus und Otto Ubbelohde kamen in das malerische Dorf, der von Adolph von Menzel gelobte und von Max Liebermann beeinflusste Otto Piltz und Fritz Grebe. Paul Baum hatte sein Auge an der Schule von Barbizon in Frankreich und am Pointillismus der belgischen Neo-Impressionisten geschult, sein Kollege Carl Bantzer wurde zu einem einflussreichen Lehrer der Moderne. Zu seinen Schülern gehörten der Expressionist Conrad Felixmüller und der hannoversche Dadaist Kurt Schwitters. In einer Wanderschau 1892 beeindruckte Bantzers im Jahr zuvor entstandene »Hessische Abendmahlsfeier« das Publikum von Wien und München bis Breslau und Berlin. Seine Kraft bezog das spätimpressionistische Gemälde aus dem strengen und kargen Raum, in dem der Künstler die Szene ansiedelte. Es ist die im 12. Jh. erbaute Wehrkirche in Wenkbach bei Marburg – die Kraft ist dort immer noch zu erahnen.

Ihre Bedeutung für den Fortgang der Kunstgeschichte ist vielleicht nicht mehr die, die sie einmal war – doch immer noch wird in der Künstlerkolonie Willingshausen vor der Natur gemalt und gezeichnet. Erfahrene Künstler bieten Praxiskurse, der Verein »Malerstübchen Willingshausen e. V.« zeigt Ausstellungen zu Geschichte und Gegenwart der Malerei in Hessen, junge Meister können sich um ein Stipendium im denkmalgeschützten Hirtenhaus bewerben. Und ringsum liegt immer noch das Land, das so viele Kunstschaffende inspiriert hat.

MUSEEN

Museum Malerstübchen ▸ C3

Das kleine sympathische Museum widmet sich der Willingshäuser Malerkolonie, die von Ludwig Emil Grimm und Gerhardt von Reutern 1824 als erste deutsche Künstlerkolonie gegründet wurde.

Im Gerhardt-von-Reutern-Haus (mit Touristikbüro), Merzhäuser Str. 1, 34628 Willingshausen • Tel. 0 66 97/ 14 18 • www.malerkolonie.de • Di–So 10–12, 14–16 Uhr

EINKEHREN

Die Gürre Stubb ▸ C3

Schöner Freisitz an der historischen Scheune. Schwälmer Spezialitäten, Kaffee und Kuchen, Streuobstwiese mit Naschgarten.

Bernsburger Str. 1, 34628 Willingshausen • Tel. 0 66 97/91 91 00 • Mi–So 11.30–22 Uhr

TOUR 3

Karriere in Kassel

Produktive Jahre: In der Residenzstadt entstanden die wichtigsten Werke der Brüder Grimm, doch ihre verschiedenen Wohnstätten fielen größtenteils dem Zweiten Weltkrieg zum Opfer.

◂ Die Errichtung des Bergparks Wilhelmshöhe war eine Herkulesaufgabe, stolz schaut dieser nun auf sein Werk (▸ S. 45).

Kassel ▸ D1

Kassel ist die Stadt der Brüder Grimm! Dreimal sind sie hier eingezogen, an keinem Ort haben sie so lange gelebt, an keinem waren sie so produktiv, nicht einmal später, als reife und geehrte Wissenschaftler in Berlin. Fünf verschiedene Wohnungen haben sie hier bewohnt, nicht mitgerechnet die Kammer, in der sie als Gymnasiasten untergekommen waren. Ihre berühmten und bahnbrechenden Werke sind hier entstanden, so die Märchensammlung, die »Deutsche Grammatik«, die Schriften zur Geschichte des Rechts. Und das große Wörterbuch der deutschen Sprache ist in Kassel zumindest auf den Weg gebracht worden – ein Titanenwerk, für das zwei Leben nicht ausreichten. Dazu die mit Notizen und Korrekturen vollgekritzelte Handausgabe der 1812 erstmals erschienenen »Kinder- und Hausmärchen« – seit 2005 von der UNESCO zum »Weltdokumentenerbe« gerechnet – wird wo aufbewahrt? Natürlich in Kassel!

Zerstörungen des Weltkriegs

So viele ihrer Orte wären hier zu finden gewesen. Bis zum 22. Oktober 1943: Im Bombenhagel des Zweiten Weltkriegs wurde das alte Kassel ausgelöscht, die gesamte Altstadt und der größte Teil der Neustadt. Ein einziges Haus ist erhalten geblieben, in dem die Brüder gewohnt haben – mit etwas Großzügigkeit anderthalb. Aber auch die historischen Orte der Stadt bieten noch eine Orientierung: Schloss Wilhelmshöhe, das Palais Bellevue, die Karlsaue mit der Orangerie, das Fridericianum … Sie definierten auch für Jacob und Wilhelm Grimm das Bild ihrer Stadt.

1798 kamen sie an, am 29. September. Zwei Jungen, zwölf und 13 Jahre alt, denen der Vater gestorben war und für die es bei der prekären Lage der Familie in Steinau einfach keinen Platz mehr gab. Zwei hochbegabte Buben zudem, die sich mehr als dringend für die höhere Bildung an einer höheren Schule empfahlen. Die Schwester der Mutter, Henriette Zimmer, war Kammerfrau der Landgräfin Karoline in Kassel. Sie führte keinen eigenen Haushalt, also brachte sie die Neffen bei Abraham Vollbrecht unter, der dem späteren Kurfürsten Wilhelm I. als Dritter Mundkoch diente und nicht am Hof wohnte. Sein Haus lag in einer Gasse der Altstadt, Im Sack 4, Ecke Steinweg; das Zimmer der Brüder ging zum Hof. Der Fleiß der beiden wurde zuvor schon angedeutet. Er beweist, dass sie begriffen hatten: Hier, am Lyceum Fridericianum, sollten sie ihre Chance bekommen. Jacob blieb bis 1802, hochschulreif schon nach der Unterprima. Wilhelm folgte im Jahr darauf.

Familienzusammenführung

1805 kamen sie zum zweiten Mal nach Kassel. Die jüngeren Brüder Ferdinand und Ludwig Emil besuchten inzwischen das Lyceum, auch der Bruder Carl lebte zeitweilig in Kassel. Im August war die Mutter mit der Jüngsten, Charlotte, nachgezogen. Als nun im Oktober Jacob aus Paris kam, über Trier, Frankfurt, Hanau und einen kurzen Abstecher zu den Savignys auf Gut Trages, um dann den frisch examinierten Juristen

Wilhelm in Marburg abzuholen, da fand sich die ganze Familie in Kassel wieder. »Denn lieber Wilhelm wir wollen uns einmal nie trennen«, hatte Jacob noch aus Paris (und unter Auslassung jeglicher Interpunktion) am 12. Juli 1805 geschrieben. So sollte es auch bleiben.

Zweimal gescheitert

Dass sie ein drittes Mal nach Kassel kamen, ist zwei Niederlagen geschuldet: einer, die sie die Stadt verlassen ließ, gleich nach Weihnachten 1829, nachdem sie fast 25 Jahre hier gelebt und gearbeitet hatten. Und einer, die sie fast genau acht Jahre später, im Dezember 1837, zur Rückkehr zwang, gedemütigt, vertrieben, ohne Perspektive. Dazu später.

Die erste Niederlage, die von 1829: Johann Ludwig Völkel war gestorben, der Direktor der kurfürstlichen Bibliothek, in der Wilhelm Grimm als Sekretär, Jacob als Bibliothekar getreulich ihren Dienst getan hatten. Nun wäre die Reihe an ihnen gewesen – doch der Kurfürst, inzwischen Wilhelm II. (1777–1847), reagierte schroff auf die Doppelbewerbung des älteren Grimm auf die Stelle des Direktors und des jüngeren auf die dann frei werdende Stelle des Bibliothekars: »Resolvitur: Beyde Gesuche werden abgeschlagen.«

Aus, Ende. Er mochte sie einfach nicht. Es war, vom Standpunkt der deutschen Sprache und Kultur her betrachtet, die vielleicht folgenreichste Entscheidung seiner Regierungszeit. »Die Stelle hätte von Gott und Rechts wegen hier niemand gebührt als mir, und dem Wilhelm dann die meinige«, notierte Jacob Grimm erzürnt, »da wir genaue Sach- und Lokalkenntnisse besitzen, 23 und respektive 15 Jahr dienen und gering besoldet sind.« Vorbei. Die Brüder gingen nach Göttingen, um dort Professoren zu werden.

Ausgelöschte Erinnerung

Aber Kassel. Was bleibt einer Stadt, deren Zentrum 1943 von britischen Bombern eingeebnet wurde? Die alten, eng beieinanderstehenden Fachwerkhäuser brannten wie Zunder. Ist eine solche Stadt nicht verloschen als Erinnerungsort an zwei Brüder, deren Gespür für Mythen und Märchen so sehr geprägt war von der Atmosphäre, von Eindrücken und Erinnerungen, von der Geschichte, die sich einem Land eingeschrieben hat? Die Wohnung der Gymnasiasten in der Altstadt – nicht mal eine Idee des damaligen Stadtplans blieb erhalten. Das Lyceum Fridericianum in der Oberen Königsstraße 47 – ausgelöscht. Das heutige Friedrichsgymnasium in der Humboldtstraße nahe dem Brüder-Grimm-Platz ist nur ein ideeller Nachfolger. Die Gedenktafel am Lyceumsplatz bezieht sich auf einen späteren Standort des traditionsreichen Instituts in der Wolfsschlucht 20. Und auch Gebäude und Topografie dort wurden zerstört.

Der Krieg hat einfach alles kaputt gemacht. Verschwunden ist die enge und lärmige Behausung in der Fünffensterstraße, in die sie sich 1822 notgedrungen für zwei Jahre einquartieren mussten. Verschwunden das Haus an der Bellevue 6, später Schöne Aussicht 7, von dem aus sie Kassel 1829 in Richtung Göttingen verließen und in dem sie acht Jahre später wieder bei ihrem Bruder Unterschlupf fanden. Und verschwunden auch das später so berühmte

Landgraf Friedrich II. von Hessen lieh als Bauherr dem klassizistischen Musentempel, der von vornherein als Museum konzipiert war, seinen Namen (▸ S. 47).

»Märchenhaus« in der Marktgasse 17, Ecke Wildemannsgasse, in deren zweitem Stock die Familie 1805 zusammenkam: Nichts hier, abgesehen von der nahe gelegenen Brüderkirche, ist alt genug, um daran eine Vorstellung vom Gesichtsfeld der Brüder Grimm zu knüpfen.

Die fürstliche Bibliothek

Das Fridericianum ist erhalten. Als Museum und zentraler Bau der seit 1955 alle fünf Jahre in Kassel stattfindenden documenta ist es eines der prominentesten Ausstellungshäuser der Welt: Wenn documenta ist, dann brummt es hier, denn Kassel ist wieder einmal für 100 Tage die Welthauptstadt der Gegenwartskunst.

Damals war in dem klassizistischen Bau die Bibliothek untergebracht, in der Jacob und Wilhelm Grimm arbeiteten – in der napoleonischen Zeit unter Jérôme Bonaparte, dem von seinem Bruder Napoleon eingesetzten Herrscher über das Königreich Westfalen (den das Volk als »König Lustik« irgendwie leiden mochte), später unter dem strengen und politisch ehrgeizigen Kurfürsten Wilhelm I. Auch ihre eigenen Projekte und Recherchen trieben sie hier voran, wann immer es die Anforderungen der Monarchen erlaubten. An keinem Ort in Kassel werden die Brüder so viel Zeit zugebracht haben.

Imperiale Prachtentfaltung

Die Wilhelmshöhe und ihre wahrhaft imperiale Auffahrt, eine 7 km lange und schnurgerade Allee, beherrscht wie damals die Stadt. Und mehr als eine Ahnung gibt die Anlage auch heute noch von der Größe kurfürstlicher Macht – ganz nebenbei aber auch von der Tapferkeit derer, die sich viele Jahre lang einordneten, um eines Tages gegen die Selbstherrlichkeit der Monarchie aufzubegehren. Wer am Fuß der langen Allee steht und hinaufblickt zum Schloss und zum monumentalen Herkules, dem Wahrzeichen der Stadt, der spürt Respekt und eine beinahe beklemmende Winzigkeit gegenüber der Macht. Und wer oben steht und hinabblickt auf die Stadt und darüber hinaus, der fühlt sich auch heute noch wie einer, dem das ganze Land zu Füßen liegt.

Als die Brüder Grimm 1798 nach Kassel kamen, hatte der Landgraf und spätere Kurfürst Wilhelm I. Schloss Wilhelmshöhe bereits durch die Baumeister Heinrich Christoph Jussow und Simon Louis du Ry in seiner heutigen Gestalt vollenden lassen (die Kuppel über dem Säulenportal allerdings wurde im Krieg zerstört). Die Löwenburg befand sich noch im Bau. Was mögen sich die Gymnasiasten aus Steinau mit seiner seit dem Mittelalter gewachsenen und in Ehren verwitterten Schlossanlage wohl gedacht haben beim Anblick einer Ritterburg, die gleich als Ruine entworfen wurde? Empfanden sie am Ende ihre eigenen Sehnsüchte in der vergangenheitstrunkenen Inszenierung auf dem Schlossberg bestätigt? Auch in Hanau-Wilhelmsbad hatte sich derselbe Landesherr eine künstliche Ruine als Refugium aus einer unsicher gewordenen Gegenwart bauen lassen. Oder kamen Jacob und Wilhelm Grimm vielleicht hier erst auf die Idee, die Identität einer Kultur in Geschichte und Überlieferung zu suchen – genau wie sie es später mit den Märchen tun sollten?

Fontänen und Kaskaden

Auch den Landschaftspark hatte der Schlossherr grundlegend dem Erkenntnisstand und dem Geschmack der Zeit anpassen lassen: Die barocke

Die ungewöhnliche Größe und Lage des Geländes wussten die Architekten des Bergparks Wilhelmshöhe für grandiose Perspektiven und Ausblicke zu nutzen (► S. 48).

Strenge hatte schon Landgraf Karl französischen Vorbildern entlehnt, die scheinbar natürliche Beiläufigkeit entsprach nun dem Ideal englischer Landschaftsgärten. Und die Wasserspiele mit Wasserfall, Fontänen und Kaskaden waren schon damals einfach bonfortionös.

Heute steht der Park mit seinen Bauwerken und Monumenten, der Löwenburg und dem Schloss, der Cestiuspyramide und dem nachgebauten Grabmal des römischen Dichters Vergil, dem Großen Gewächshaus und dem Ballhaus, den griechischen Tempeln und romantisierenden Grotten auf der Warteliste zum Weltkulturerbe der UNESCO. Und Weltrang ohne jeden Zweifel genießt auch die Kunstsammlung der Landgrafen von Hessen-Kassel mit ihren reichen Beständen an Werken von Rembrandt, Rubens, Dürer und Tizian, zu bewundern als »Gemäldegalerie Alte Meister« im Schloss Wilhelmshöhe.

Doch Kassel war gar nicht der Ort, an dem die Brüder ihr Gespür für den Klang und die Aura von Heimat herausbildeten. Das wird früher seinen Anfang genommen haben: In Steinau, sicherlich in Marburg unter dem Einfluss der jungen Romantik, und es geschah weiterhin auf ihren Reisen und bei Visiten. Man besuchte einander damals, fuhr über Land, machte Station, blieb ein paar Tage, sprach miteinander, ließ das Fremde und das Vertraute auf sich wirken, Burgen und Wälder, verwunschene Orte, Geschichte. Nein, Kassel war nicht so ein Ort. In Kassel arbeiteten die Brüder, hier liefen die Fäden ihrer fleißigen Recherchen als Märchensammler zusammen. Und das wiederum lässt sich sehr gut dokumentieren.

Spurensuche im Museum

Ins Museum also. Das Brüder Grimm-Museum im Palais Bellevue konnte nach langer Um- und Ausbaupause im Januar 2012 wiedereröffnet werden, gerade noch rechtzeitig für die neugierig gewordenen Jubiläumsgäste im 200. Erscheinungsjahr der Kinder- und Hausmärchen. Viel Geld und Energie flossen in die Restaurierung, aber nun bietet der historische Bau zehn Räume für Wechselausstellungen sowie die Dauerschau mit Möbeln und Manuskripten, Editionen und – unter Panzerglas – den berühmten Handexemplaren der Märchensammlung. Wer mag, darf sogar die kostbaren Dokumente durchblättern, Seite für Seite – allerdings nur virtuell, das Internet macht's möglich (www.grimms.de/khm/khmhexa.php).

Später einmal sollen die Bestände in einen Neubau überführt werden, die »Grimm-Welt« am nahe gelegenen Weinberg. Der in einem Wettbewerb prämierte Entwurf des Aachener Architekturbüros Kadawittfeld sieht einen burgähnlichen Bau mit Treppen und Zinnen vor, der aus der Hanglage des Parks den Blick auf den Süden der Stadt öffnet.

Das Konzept des künftigen Museums knüpft den Kontakt zur Universität Kassel, die seit Anfang 2012 dem lebendigen Forschungsthema Grimm mit einer Stiftungsprofessur besonderen Nachdruck verleiht. Es vernetzt die wissenschaftlich betreute Präsentation von Sammlungsbeständen mit neuen Medien und neuen Formen, die das Werk der Brüder Grimm in didaktisch begründete Zusammenhänge stellen – kurz: Geplant ist ein Erlebnismuseum.

Doch auch die Präsentation in dem historischen Stadtpalais, von dem aus einst der Besatzungskönig Jérôme Bonaparte den Blick über die Karlsaue genoss, macht die Brüder Grimm kenntlich nicht nur als Geburtshelfer von Hänsel und Gretel, Schneewittchen und Rotkäppchen, sondern auch als Sprachforscher und Volkskundler, Rechtshistoriker und streitbare Demokraten. Und was im Krieg an realen Orten in der Stadt verloren gegangen sein mag – hier wird es ausgeglichen durch eine stimmige Atmosphäre und vor allem durch die Skizzen und Bilder von Ludwig Emil Grimm, der ein Leben lang getreulich die Wege und Begegnungen der Brüder dokumentierte.
Ein ganzer Saal ist diesen Dokumenten reserviert, und der Besucher sieht genau, wie es bei den Grimms ausgesehen hat und zugegangen ist, die Reisen und Begegnungen, die biedermeierlichen Möbel, Jacob Grimm am Schreibtisch, tief über seine Bücher und Papiere gebeugt. Oder auch die spielenden Kinder von Wilhelm.
Der treue Chronist hat auch jenen ein Gesicht gegeben, die seinen Brüdern die Märchen erzählt haben. Denn der Forschung war wohlbekannt, dass Jacob und Wilhelm Grimm als junge Rechtsgelehrte und Bibliothekare in Kassel Augen und Ohren weit aufsperrten, wenn irgendwo ein Märchen zu lesen oder zu hören war. Die Forscher hatten ihr Interesse an mythischen Stoffen aus dem Volk sogar öffentlich annonciert – doch als konkrete Personen waren ihre Zuträger eher farblos geblieben. Die Brüder hatten selbst dafür gesorgt: Anstatt die Quellen ihrer Märchen namentlich zu nennen, entrückten sie ins Ungefähre, was sie festhielten und niederschrieben. Es stammte dann eben »aus den Maingegenden«, »aus dem Hanauischen« oder »aus dem Paderbörnischen«.
Dank Ludwig Emil Grimm aber sind sie auch von Angesicht überliefert: die Hassenpflugs, die aus Hanau nach Kassel gekommen waren, die aus der Nähe von Paderborn stammende Familie von Haxthausen und die Töchter des Apothekers Wild, der sein Geschäft gleich neben der grimmschen Wohnung am Markt hatte. Dessen Tochter Dorothee, genannt Dortchen, sollte später Wilhelms Ehefrau werden.

Ein Kreis von Informanten

Es waren zum größten Teil gebildete Menschen, die französisch parlierten, Romane und Gedichte lasen, lange Briefe schrieben und sich zu Salons trafen oder zur »Lesegesellschaft« bei den Grimms. Ihr Vergnügen dort war es, die launigen, schauerlichen, moralischen oder amüsanten Geschichten auszutauschen, die sie bei Marktfrauen und Wäscherinnen erlauscht oder in Büchern aufgestöbert hatten. Und die Brüder saßen dabei und hielten das Erzählte fest. Die Pfarrerstochter Friederike Mannel aus Allendorf trug zur Märchensammlung bei, ebenso die aus Westfalen stammende Adlige Jenny von Droste-Hülshoff, die ältere Schwester der berühmten Dichterin Annette von Droste-Hülshoff. Oder auch Johann Friedrich Krause. Der Dragonerwachtmeister (1747–1828) zog mit einer Notizkladde durch Spinnstuben und Altenteile in den Dörfern Hoof und Breitenbach (heute Gemeinde Schauenburg) nahe Kassel und schrieb auf, was er dort hörte.

Als Gegenleistung erbat sich der ausgemusterte Soldat von den Brüdern ein paar abgelegte Beinkleider.
Sogar die Tapete der einstigen Wohnung im »Märchenhaus« nahe dem Markt hat sich nach Ludwig Emil Grimms Skizzen und Aquarellen rekonstruieren und nachdrucken lassen, goldfarbene Sterne auf sanftblauem Grund. Der Freund Clemens Brentano, nach dem frühen Tod seiner ersten Frau Sophie Mereau für ein knappes Jahr kreuzunglücklich verheiratet in Kassel, hatte sie einst entworfen: ein vollendeter Ausdruck des romantischen Lebensgefühls seiner Epoche. Und wie passend zur Sternentapete: Das Palais Bellevue, Domizil des Brüder Grimm-Museums, war zu Beginn des 18. Jh. zunächst als landgräfliche Sternwarte konzipiert worden.

Das passende Domizil

Wenige Häuser entfernt wohnten die Grimms ab 1824 im »Koch'schen Haus«, heute Schöne Aussicht 9. Eine Tafel in der Tordurchfahrt erinnert an die einstigen Mieter. »Wir haben in der Bellevüestraße, wo es sonst nur große, für reiche Leute eingerichtete Wohnungen giebt, eine für uns passende gefunden«, schwärmte Wilhelm, und in einem anderen Brief: »Rechts habe ich mein Arbeitszimmer, links der Jacob, und nach dem Hof zu, weil er keine Sonne brauchen kann, hat der Louis sein Malzimmer.« Das Haus wurde im Krieg stark beschädigt und später hinter der restaurierten Fassade neu aufgebaut, doch erhalten blieb der Blick aus dem Fenster in der zweiten Etage, den Wilhelm Grimm voller Freude beschrieb: »Es stehen uns keine Häuser gegenüber; vor uns, unten im Grund, liegt die prächtige Aue und die Orangerie und ringsherum die nahe und ferne Bergkette, dazwischen der Strom, der mitten durch das Tal sich langsam fortzieht. Wie schön und rein ist der Duft des Morgens und Abends, wie prächtig der reiche Sternenhimmel und der aufgehende Mond! Dabei ist es fast immer still und nichts von dem Stadtlärmen zu hören.«
Glück ist, von seinem Schreibtisch in die Ferne schauen zu können. Glück ist, Ruhe zu haben vor Schmiedehämmern, Fanfarenstößen und Hufgeklapper auf dem Straßenpflaster. Auch solche Belästigung hatten die Brüder Grimm durchlitten. Jetzt erlebten sie produktive Zeiten an der »Bellevüe« (zwei Jahre später in einem heute verschwundenen Nachbarhaus, bei gleichem Blick über die Aue und in gleichem Tatendrang): Jacob Grimms über 1000 Seiten starke Sammlung »Deutsche Rechtsaltertümer« entstand hier, ebenso Wilhelm Grimms wissenschaftliches Hauptwerk, »Die deutsche Heldensage«, ebenso die »Kleine serbische Grammatik«. Nebenbei: Die Brüder Grimm sprachen und schrieben an die 15 Sprachen. Jeder von ihnen.

Die Wohnung an der Torwache

Ähnlich glückliche und produktive Jahre hatten sie auch zuvor schon am (nie vollendeten) Wilhelmshöher Tor verlebt. 1814 waren sie aus der Enge um den Markt in das nördliche Seitengebäude gezogen, damals also an den Stadtrand, von dem aus die Allee zum Schloss hinaufführt. »Es ist still und ländlich mit einer freien in der Abendsonne prächtigen Aussicht«, schrieb Wilhelm kurz nach dem Einzug. Heute liegt die Torwa-

che am Brüder-Grimm-Platz, quasi mitten in der Stadt – und ist das einzige in seinem Äußeren unverändert erhaltene Gebäude, in dem die Brüder Grimm gewohnt haben.
Das Innere wurde 1952 für den Hessischen Verwaltungsgerichtshof umgebaut. Nun soll es als würdiges Entree für ein Weltkulturerbe auf der Wilhelmshöhe rekonstruiert werden: Wohnung und Arbeitszimmer der Brüder Grimm – ein dritter Ort im Netzwerk von Forschung und Erinnerung neben dem Museum und der Universität. Sogar ein Grundriss mit Möbelstellplan liegt vor.

Wer soll den Haushalt führen?

Es wäre der Stellplan einer glücklichen Zeit. Bis 1822 lebten sie hier – bis Lotte Grimm, die den Brüdern seit dem Tod der Mutter 1808 den Haushalt führte, den späteren kurhessischen Staatsminister Ludwig Hassenpflug heiratete. Lotte starb 1833 im Kindbett, wie so viele Frauen ihrer Zeit. Sie wurde auf dem Altstädtischen Friedhof an der Lutherkirche neben der Mutter begraben, der kniende Engel auf ihrem Grab wurde nach einem Entwurf von Ludwig Emil Grimm in Bronze gegossen. Der malende Bruder selbst ist mit seiner Familie auf dem Hauptfriedhof an der Holländischen Straße beerdigt.
Lottes Heirat war für die Brüder eine schwere Prüfung. Zum einen, weil der neue Schwager ein Monarchist und Anti-Demokrat war (weshalb er auch Karriere machte), vor allem aber, weil nun niemand mehr den Haushalt führte. »Einer muss heiraten« beschlossen sie, und genauso hieß auch die Komödie, mit der 1853 der Wiener Schauspieler und Dichter Alexander Wilhelmi (eigentlich Zechmeister) die Lage der inzwischen prominenten Brüder dem Spott preisgab: als »Pergamentmotten«, sinnenferne Bücherwürmer und kaum getarnt durch die Namen Jacob und Wilhelm Zorn.
Tatsächlich scheiterte der echte Jacob Grimm an einem Fräulein Luise Bratfisch, danach war Wilhelm an der Reihe – und Dortchen Wild heiratete praktisch zwei Männer. Das mindestens ebenso hakelige Problem des Jahres 1822 aber war, dass Kurfürst Wilhelm II. den Brüdern, die es im Amt immer wieder an untertäniger Subordination fehlen ließen, die Wohnung kündigte.

Der unleidliche Kurfürst

Es sollte nicht die letzte Aktion des Herrschers gegen die Geistesarbeiter sein. Das ohnehin gespannte Verhältnis des Kurfürsten zu seinen stolzen Bibliothekaren wurde zusätzlich belastet, als die Brüder Grimm sich zum kultivierten Gesprächszirkel der Kurfürstin Auguste auf Schloss Schönfeld im Süden der Stadt gesellten, während der Gatte sich oben im Schloss einem kurfürstlichen Lotterleben hingab. Irgendwann rastete Wilhelm II. dennoch aus, zerschlug, strafversetzte, kündigte.
Die Tradition des »Schönefelder Kreises« aber, die schon Jahre zuvor mit Bettine und Clemens Brentano und Achim von Arnim begonnen hatte, blieb erhalten: Heute organisiert der Verein Schloss Schönfeld e.V. ein anspruchsvolles Clubleben und lädt wichtige Referenten zu Vorträgen und Diskussionen um Wirtschaft, Politik, Wissenschaft und Kunst. Das Schloss ist ein kleines Schmuckstück und sehenswert.

Schloss Wilhelmshöhe, hier herrlich illuminiert, beherbergt mit der Gemäldegalerie Alter Meister eine der bedeutendsten Sammlungen Deutschlands. (▸ S. 53).

Zunächst einmal war eine gute Ernte schon angelegt: Während der acht produktiven Jahre in ihrem Torhaus, 1814 bis 1822, erschienen etwa der zweite und dritte Band der Kinder- und Hausmärchen, die »Deutsche Grammatik«, mit der sich Jacob Grimm in der Sprachforschung als das Genie der Epoche einführte, der erste Band der »Deutschen Sagen«, die »Lieder der alten Edda« und »Altdeutsche Wälder«. Und die Märchen entwickelten sich auf der Basis der 1819 erschienenen, stark überarbeiteten Ausgabe zu einem Welterfolg.

SEHENSWERTES

Bergpark und Schloss Wilhelmshöhe

Dass die hessischen Landgrafen und Kurfürsten die antiken Sagen liebten, wird im Bergpark deutlich: Alles überragend die Herkulesstatue von 1717, die Löwenburg stammt aus den Jahren 1793 bis 1798 und birgt den Sarkophag von Kurfürst Wilhelm I. Das Schloss beherbergt die antiken und die alten Meister.

Schlosspark 1, 34131 Kassel • Tel. 0561/316800 • www.museum-kassel.de

Eine Ausgabe der Kinder- und Hausmärchen mit den stilbildenden Illustrationen des Malers Ubbelohde im Brüder Grimm-Museum Kassel. (▶ S. 54).

MUSEUM

Brüder Grimm-Museum

Im frisch renovierten Barockpalais Bellevue ist nicht nur Jacobs und Wilhelms Handexemplar der Kinder- und Hausmärchen aufbewahrt, das als UNESCO-Weltdokumentenerbe geschützt ist, es sind auch viele Erinnerungsstücke der Brüder zu sehen. Daneben wird der Maler Ludwig Emil Grimm ausführlich gewürdigt. Voraussichtlich 2014 wird die Sammlung innerhalb der »Grimm-Welt« am Weinberg zu finden sein.

Palais Bellevue, Schöne Aussicht 2, 34117 Kassel • Tel. 05 61/7 87 20 33 • www.grimms.de • Di, Do–So 10–17, Mi 10–20 Uhr

Brüder Grimm-Gesellschaft e. V.

Eine Brücke zwischen populärer Erzähltradition und Wissenschaft schlägt die 1897 gegründete Vereinigung mit Führungen, Ausstellungen, Lesungen und Publikationen.

Brüder-Grimm-Platz 4, 34117 Kassel • Tel. 05 61/10 32 35 • www.grimms.de

Museum und Kunsthalle Fridericianum

Das erste öffentliche Museum auf europäischem Festland (nur das British Museum in London öffnete früher seine Pforten) ist alle fünf Jahre Zentrum der documenta. Vor 200 Jahren war hier die kurfürstliche Bibliothek untergebracht, in der Jacob und Wilhelm halbtags tätig waren.

Friedrichsplatz 18, 34117 Kassel • Tel. 05 61/70 72 70 bzw. 7 07 27 20 • www.fridericianum-kassel.de

EINKEHREN

Café Nenninger

Baumkuchen, Märchentorte, Herkulesschatzkiste am Fridericianum!

Friedrichsplatz 8, 34117 Kassel • Tel. 05 61/7 66 16 90 • www.conditorei-nenninger.de • Mo–Fr 8–20, Sa 9–20, So 10–20, feiertags bis 18 Uhr

Museumscafé im Kurbad Jungborn

Mit Sonnenterrasse an der Fulda.
Sternstr. 20, 34123 Kassel • Tel. 05 61/9 37 11 46 • www.kurbad-jungborn.de • März–Okt. Mi–So 14–20 Uhr, Nov.–Feb. nur Sa/So

Orangerie

Restaurant, Lounge, Bar. Der herrliche Freisitz an der Karlsaue befindet sich in fußläufiger Entfernung vom Brüder Grimm-Museum.
Am Auedamm 20 b, 34121 Kassel • Tel. 05 61/9 37 77 • www.orangerie-kassel.de • April–Sept. Mo–Fr ab 12, Sa/So ab 10 Uhr, durchgehend warme Küche, Okt.–März Mo Ruhetag

FESTE UND EVENTS

Brüder Grimm Festival

Musicals frei nach den grimmschen Märchen im Park Schönfeld.
Infos und Tickets: Brüder Grimm Festival Kassel e. V., Christian-Reul-Str. 23, 34121 Kassel • Tel. 05 61/1 83 83 • www.brueder-grimm-festival.de

Europäisches Märchen- und Sagenfest

Im Rahmen der Veranstaltungsreihe »Kultursommer Nordhessen« wird an verschieden Orten mit Filmen, Lesungen, Konzerten, Theaterveranstaltungen und einem Kinderprogramm rund um die Brüder Grimm die Lust am Märchenhaften geweckt.
Letzte Juliwoche • Infos und Vorverkauf: Tel. 05 61/98 83 93 99 • www.kultursommer-nordhessen.de

Märchenweihnachtsmarkt

Königsplatz • www.weihnachtsmarkt-kassel.de • 4 Wochen von Ende Nov. bis kurz vor Weihnachten, tgl. 11–20, Imbiss bis 22 Uhr

SERVICE

AUSKUNFT

Tourist Information im Zentrum und im Bahnhof Wilhelmshöhe

Stadtführung: »Kassel – Kunst – Kultur« jeden Fr um 16 Uhr und für Gruppen nach Absprache. Pauschalangebote: »Kassel, Stadt der musealen Superlative« (zwei Übernachtungen, Eintritt in eine aktuelle Ausstellung, Kulturstadtführer Kassel, Drei-Gang-Menü oder Buffet, KasselCard zwei Personen/72 Std.) und »Märchenreise« für Gruppen ab 20 Personen (zwei Übernachtungen mit Frühstück, zwei Abendessen, Stadtrundfahrt, Führung »Auf den Spuren der Brüder Grimm«, ganztägige begleitete Märchenfahrt).
Tel. 05 61/70 77 07 • www.kassel-marketing.de

Das Wissen der Viehmännin

Zu danken ist das reiche Erzählerbe auch der Viehmännin, die die Brüder in der Marktgasse und wohl auch im Torhaus noch besucht hat: Dorothea

MERIAN-Tipp 3

MARKTHALLE KASSEL ▸ D1

Im historischen Marstall ist seit 50 Jahren die schönste Markthalle Hessens zu Hause. Auf zwei Etagen bieten 70 Beschicker aus der Region ihre frischen Waren an, dazu gibt es Imbissstände und Cafés. Die Familie Grimm lebte nur wenige Schritte entfernt in der Wildemannsgasse.
Wildemannsgasse 1, 34117 Kassel • Tel. 05 61/78 03 95 • www.markthalle-kassel.de • Do–Fr 7–18, Sa 7–14 Uhr

Im Fokus

Dom- und Kaiserstadt Fritzlar

Mit dem Fällen der Donar-Eiche durch Bonifatius beginnt im Jahr 723 die Christianisierung Mittel- und Norddeutschlands.

Fritzlar ist keine der zentralen Stationen auf dem Lebensweg der Brüder Grimm. Auch will kein Historiker nachweisen, dass einst Rotkäppchen auf ihrem Weg zur Großmutter über den Platz geschlendert ist, an dem sich der gewaltige Dom St. Peter erhebt, im 11. Jh. begonnen und dann über viele Generationen und Epochen hinweg ausgebaut und erweitert. Doch spätestens seit jenem Herbsttag im Jahr 723, an dem ein Sonnenstrahl genau im richtigen Moment durch die Wolkendecke brach und die vordem heidnischen Chatten an der Macht ihrer Götter zweifeln ließ, ist die Stadt an der Eder ein Ort, von dem die an Mythen und Helden, Glücksmomenten und Katastrophen reiche Geschichte des Landes ihre Impulse empfing. Vieles ist den alten Wehrtürmen, Klostermauern und Patrizierhäusern noch heute eingeschrieben, vieles lässt sich erforschen und belegen, manches nur erfühlen und erahnen, wie es die Märchen- und Sagen-Zuträger der Brüder Grimm getan haben – mit anderen Worten: Fritzlar ist ein Kleinod.

Die heilige Eiche fällt

Es war der angelsächsische Missionar Bonifatius (ca. 672–ca. 755) – von der katholischen Kirche als Apostel Deutschlands bezeichnet – dem der göttliche Fingerzeig half, die Zweifler in diesem fernen Zipfel des Franken-

◂ Bedeutendes Zeugnis der Geschichte – der romanische Dom St. Peter (▸ S. 57).

reiches zum christlichen Glauben zu bekehren. Der Abgesandte des Papstes in Rom hatte die handfeste Methode gewählt und mit wuchtigen Axthieben die Donar geweihte Eiche gefällt. Der Himmel rumorte, so will es die Überlieferung. Als das Heiligtum der alten Germanen aber fiel, entfesselte kein Donnergott seinen Zorn – stattdessen lachte die Sonne über das fortan christliche Abendland.
Knapp zwei Jahrhunderte später war Fritzlar wiederum Schauplatz eines historischen Meilensteins deutscher Geschichte, als Heinrich I. auf dem Fritzlaer Reichstag 919 zum König des Reiches gewählt wurde. Damit gelangten die Liudolfinger, auch als Ottonen bekannt, auf den Thron. Mit ihnen festigte sich das Deutsche Reich als wichtige Macht in Europa.

Lebendige Geschichte

Natürlich erinnert eine neuzeitliche Bronzeskulptur vor dem Dom an das Ereignis aus mythenumnebelter Vergangenheit. Solch biedere Illustration von Legenden und Geschichte wäre nicht nötig gewesen – in der ganzen Stadt öffnet sich ein Geschichtspanorama von selten anzutreffender Geschlossenheit: vom romanischen Kirchenbau, der sich über dem gleich nach der Missionierung gegründeten Kloster erhebt, über dessen gotische Seitenflügel mit Kreuzgang und Stiftsgebäuden (in denen heute der Domschatz untergebracht ist) bis zum barocken Hochaltar. Vom 1109 erstmals erwähnten Rathaus, dem ältesten Amtshaus Deutschlands, bis zum Ursulinenstift, zu dessen Schülerinnen auch die mit Jacob und Wilhelm Grimm eng befreundete Bettine von Arnim gehörte.

Städtischer Überblick

Ein optisches Panorama, das bei einem Stadtbummel lebendig wird: der von schönstem Fachwerk eingefasste Marktplatz mit dem Rolandsbrunnen, die Stadtmauer und der grandiose Blick vom Grauen Turm, das stattliche Hochzeitshaus und die Büraburg im Stadtteil Ungedanken, deren im 6. Jh. erbaute Kapelle der irischen Nationalheiligen Bridiga geweiht und so alt ist, dass sie wohl schon heidnischen Kulten gedient hat. Dann kam Bonifatius und fällte die Eiche, und die Geschichte geht erst richtig los.

EINKEHREN

Café und Restaurant Land und Leute ▸ C2

Idyllischer Gartenbereich, märchenhafte Pauschalangebote und Vier-Gänge-Märchenmenüs, beispielsweise zu »Brüderlein und Schwesterlein«. Direkt am Barbarossa- und Bonifatiuswanderweg am Fuße des Kellerwalds kann man die regionale Küche ganz ursprünglich genießen oder gleich ein paar Urlaubstage einlegen.
Birkenweg 56, 34560 Fritzlar-Rothhelmshausen • Tel. 0 56 22/43 25 • www.land-leute-fritzlar.de •
Sa 14–18, So 11–18 Uhr sowie nach Absprache

Landhotel Kern ▸ C2

Erstes Themenhotel in Hessen mit Lehm-Spa, Naturkosmetik und Menüs der Märchenköche. Partnerhotel »Perlen – die führenden Hotels in der Heimat der Brüder Grimm«.
Brunnenstr. 10, 34596 Bad Zwesten • Tel. 0 56 26/99 70 • www.landhotel-kern.de

Viehmann (1755–1815), eine Wirtstochter hugenottischer Abstammung aus dem Dorf Zwehren knapp vor der Stadt, verwitwet, gebeugt und beladen, die auf dem Weg zum Markt gern bei den Märchensammlern anklopfte und ihnen zutrug, was Fuhrleute und Waschfrauen, Spinnerinnen und Handwerker sich so erzählten. »Diese Frau hat ein festes und angenehmes Gesicht, blickt hell und scharf aus den Augen und ist wahrscheinlich in ihrer Jugend schön gewesen«, schrieb Wilhelm Grimm. »Sie kommt fast alle Woche einmal und lädet ab, da schreiben wir an 3–4 Stunden abwechselnd ihr nach und haben nun eine so schöne Fortsetzung, dass wir vielleicht einen zweiten Band liefern könnten. Die Frau kriegt jedes Mal ihren Kaffee, ein Glas Wein und Geld obendrein, sie weiß es aber auch nicht genug zu rühmen und erzählt dann, was ihr all für Ehre widerfahren sey, und sie habe ihr silbern Löffelchen beim Cafee gehabt so gut wie einer.«

Das Wirtshaus »Knallhütte«

Die Frau war ein Hauptgewinn für die Brüder Grimm. »Der Teufel mit den drei goldenen Haaren«, »Doktor Allwissend« oder »Sechse kommen durch die ganze Welt« – mindestens 37 Märchen und ihre Variationen hat Dorothea Viehmann den Sammlern in die Feder diktiert. Zum Dank haben Jacob und Wilhelm Grimm sie unter allen Zuträgern als Einzige mit Namen genannt und ihr Porträt auf den Titel von Band zwei der Märchen gedruckt. Ludwig Emil Grimm hat sie mit feiner Feder porträtiert, der Maler Louis Katzenstein gar die aufmerksam lauschenden Brüder in die Stube der Viehmännin versetzt, obwohl sie nie dort waren. Das vielfach verbreitete Gemälde ist selbst ein Märchen.

Zu Hause war sie in der »Knallhütte«, einem Wirtshaus bei Rengershausen an der Straße nach Fritzlar und Frankfurt. Seinen Namen trägt es, weil die Fuhrleute immer mit der Peitsche knallen mussten, um ihre Pferde den steilen Hang von Kassel heraufzutreiben. Heute sind es die schweren Lastwagen, die auf der Autobahn A 49 Richtung Baunatal am Haus vorbeibrettern. In der Brauerei nebenan rumpeln Biertransporter über den Werkhof. Die Zeit der Romantik ist lange vorbei.

Die Statue der Dorothea Viehmann im Innenhof wirkt, ehrlich gesagt, ein bisschen verloren. Aber immer samstags kommt eine professionelle Märchenfrau mit einem Häubchen wie zu Grimms Zeiten in die Gaststätte, spielt ein Hörspiel von einer CD an und erzählt, wie es einst die Viehmännin getan haben mag. Heute jedoch arbeiten die zahlreichen Märchenerzählerinnen der Gegend ihre Termine mit dem Auto ab.

Niederzwehren und Baunatal

Dorothea Viehmanns Wohnhaus liegt im »Märchenviertel« rund um die spätgotische Matthäuskirche im heute zu Kassel gehörenden Niederzwehren. Ein Gedenkstein auf dem Kirchhof und ihr bronzenes Bildnis an der Wand einer nach ihr benannten Grundschule erinnern an die so einflussreiche Märchenerzählerin. Und das benachbarte Baunatal reklamiert mit einer Vielzahl von Bronze- und Steinskulpturen auf öffentlichen Plätzen seinen Anteil an den Märchen, die nicht unbedingt alle aus der Region stammen, aber hier gesammelt wurden und heute

Weltliteratur sind: »Sterntaler« am Sportplatz, »Die sieben Raben« am Markt, »Tischlein deck dich« im Ortsteil Rengershausen, »Der gestiefelte Kater« in Felsengarten.
Dorothea Viehmann lebte von 1787 bis 1798 im Märchenweg 11 (»Märchenhaus 1«) und danach im »Märchenhaus 2« in der Brüder-Grimm-Straße 46. Ein Gedenkstein ist für die Märchenfrau auf dem Kirchhof der Matthäuskirche aufgestellt.

SERVICE

FÜHRUNGEN

Heimatverein Dorothea Viehmann Kassel-Niederzwehren e. V.

Infos und Führungen durchs Märchenviertel (auch im lokalen Dialekt).
Frankfurter Str. 300, 34134 Kassel • Tel. 05 61/95 32 67 31 (Bürozeit Mo 10–12 Uhr) • www.heimatverein-niederzwehren.de

EINKEHREN

Hotel Gude mit Restaurant Pfeffermühle

Bodenständige und internationale Küche, gezaubert von Fritz Wimmer, einem der zertifizierten Märchenköche Nordhessens. Herausragend auch die Salzbar, wo Cocktails von einem echten Könner serviert werden, und die Terrasse mit Blick auf den Herkules. Partnerhotel »Perlen – die führenden Hotels in der Heimat der Brüder Grimm«.
Frankfurter Str. 299, 34134 Kassel • Tel. 05 61/4 80 50 • www.hotel-gude.de

Brauhaus Knallhütte

Biergarten mit Märchenbrunnen und Viehmännin-Skulptur, sonntags Kinderbetreuung, Brauereiführung mit Bierprobe, am Samstag ab 17.30 Uhr tritt eine Märchenerzählerin auf (Eintritt frei)! Ihr Vorbild,

Ria Arendt, Nachfahrin der »Viehmännin«, der Märchenerzählerin Dorothea Viehmann, vor dem ehemaligen Wohnhaus in Niederzwehren (▸ S. 59).

die berühmte »Viehmännin«, wurde am 8. November 1755 als Catharina Dorothea Pierson in der Knallhütte geboren. Drei Jahre zuvor hatten ihre Eltern die Gaststätte eröffnet.

Knallhütte 3, 34225 Baunatal-Rengershausen • Tel. 05 61/49 20 76 • www.knallhuette.de • tgl. ab 11 Uhr

Breitenbach ▸ C1

Wenige Autominuten entfernt erstreckt sich Breitenbach, ein nordhessisches Dorf, das heute einen Ortsteil der Gemeinde **Schauenburg** bildet. Hier hat der Dragonerwachtmeister Krause seine Schnurren und Tröstungen gesammelt. Die Demoiselle Marie Hassenpflug, die sich im benachbarten Hoof zur Frau von Dalwigk verheiratete, hatte ihn den Grimms anempfohlen und selber auch eine nennenswerte Anzahl von Geschichten zur Sammlung beigetragen, darunter »Brüderchen und Schwesterchen«, »Der goldene Schlüssel« und »Dornröschen«. Wer durch das Dorf hinauf bis in die Lange Straße geht, dem wird klar: Irgendetwas Lustiges, Absonderliches, Märchenhaftes brauchten sie hier. Das Erzählen war ihre Rettung.

Die alte Feuerwache ist seit 1997 zu einem kleinen Kulturzentrum ausgebaut worden. Es nennt sich »Schauenburger Märchenwache«, doch geht es hier nicht um die mehr oder minder originelle Illustration bekannter Geschichten und ihrer Charaktere – hier geht es um die Erzählkunst selbst: witzig, moralisch, pointiert und gern auch mal ganz auf die Gegenwart bezogen.

Harry Rowohlt war zu Besuch und hat seine Kolumnen »Pooh's Corner« vorgetragen, der Schriftsteller Eugen Ruge aus seinem Roman »In Zeiten des abnehmenden Lichts« gelesen. An den Wänden hängen Zeichnungen des Künstlers Albert Schindehütte, dem Initiator der Märchenwache. Vier riesige Holzschnitte lassen sich aufklappen wie Altarflügel, lauter wuselnde Figuren darauf, als wären alle Geschichten des alten Johann Friedrich Krause auf einmal lebendig geworden.

Manchmal gibt es einen Märchentag für Kinder, ein Gesangs-Trio interpretiert Lieder der Romantik, bisweilen wird zum Dorftanz vor dem Haus ein Baldachin aufgespannt, oder der Grimm-Spezialist Heinz Rölleke breitet jüngste Befunde seiner Forschung zu den Märchen aus der Umgebung aus. Und nicht selten kommen die Leute aus dem Dorf, um in der »Märchenwache« zu heiraten. Lebendige Erzählfreude – nichts ist hier in Bronze gegossen.

Ein Brunnen steht vor dem Haus. Seine Rückwand bildet eine Tafel, auf die das Märchen »Die Wassernix« geschrieben steht, spiegelverkehrt und auf dem Kopf, mühsam zu entziffern. Wer aber lesen will, was Marie Hassenpflug den Brüdern Grimm einst erzählt hatte und was die als »aus dem Hanauischen« in ihre Sammlung übernommen haben, weil Maries Familie ja aus Hanau kam, der muss sich wie im Märchen das Brüderchen und das Schwesterchen tief über den Brunnenrand beugen und das Geheimnis auf der Oberfläche des Wassers suchen. Da steht es geschrieben.

SEHENSWERTES

Schauenburger Märchenwache

Kultur- und Begegnungsstätte in einer ehemaligen Feuerwache, gegründet zu Ehren Marie Hassenpflugs,

Die Schauenburger Märchenwache erinnert an eine junge Frau und einen Dragonerwachtmeister, die beide zur Sammlung der grimmschen Märchen beitrugen (▶ S. 60).

die in Hoof lebte, und Johann Friedrich Krauses aus Breitenbach. Es gibt Lesungen, Ausstellungen und einen »Grimmskramsladen«.
Lange Str. 2, 34270 Schauenburg-Breitenbach • Tel. 0 56 01/92 56 78 • www.maerchenwache.de • So 15–18 Uhr • Eintritt frei

EINKEHREN

Hotel Restaurant Der Grischäfer

▶ C2

Verfeinertes Nordhessen mit persönlicher Note. Die Brüder Holzhauser arbeiten eng mit dem Grafiker Albert Schindehütte zusammen.
Kasseler Str. 77–78, 34308 Bad Emstal • www.grischaefer.de • tgl. ab 18, So und feiertags auch 12–14 Uhr

Goldener Stern

Traditionsgasthof mit Fachwerk und modernen Gästezimmern. Bürgerliche und saisonale Küche.
Hauptstr. 21, 34270 Schauenburg-Breitenbach • Tel. 0 56 01/9 32 80 • www.fritzes-goldenerstern.de • Mo–Sa ab 17 Uhr

Parkhotel Emstaler Höhe

Wellness-Märchenoase, Märchentage in der Grimm-Heimat, Schlemmen in der Märchenstube. Partnerhotel »Perlen – die führenden Hotels in der Heimat der Brüder Grimm«.
Kissinger Str. 2, 34308 Bad Emstal • Tel. 0 56 24/50 90 • www.emstaler-hoehe.de

EINKAUFEN

Brennerei und Sektmanufaktur Joachim Döhne

Der nördlichste Apfelweinkelterer Hessens stellt nach alter Tradition hervorragende Obstbrände und Apfelschaumweine her.
Hauptstr. 31, 34270 Schauenburg-Breitenbach • Tel. 0 56 01/44 86

Im Fokus

Im Schneewittchenland

War Margaretha von Waldeck das historische Vorbild für die schöne Märchenfigur? Zwerge gab es jedenfalls in Bad Wildungen ...

Bisweilen begegnen sich Wissenschaft und Legende: Schneewittchen gab es wirklich! Sie hieß Margaretha, wurde 1533 als Tochter des Grafen Philipp IV. von Waldeck (1493–1574) auf Schloss Altwildungen geboren – und hatte ein Schicksal, das verblüffende Parallelen zu dem der Märchenprinzessin aufweist: Tatsächlich galt sie als ungewöhnlich schön, tatsächlich starb sie 1554, gerade 21 Jahre alt, unter mysteriösen Umständen hinter den sieben Bergen, nämlich dem Siebengebirge, im fernen Brüssel, damals Hauptstadt der Provinz Brabant. Und tatsächlich hatte sie eine Stiefmutter, Katharina von Hatzfeld, die wohl manchen Grund sah, sie eifersüchtig zu verfolgen.

Die Tochter des Grafen, sechstes von elf Kindern aus dessen erster Ehe mit Margarethe von Ostfriesland, war mit gerade 16 Jahren in zweifacher Mission an den habsburgischen Hof nach Brüssel geschickt worden. Dort regierte Maria von Böhmen und Ungarn, die Schwester von Kaiser Karl V., als Statthalterin der spanischen Niederlande. Die junge Frau aus Wildungen sollte erstens als Ehrenjungfer nach einem standesgemäßen Ehemann Ausschau halten und zweitens die Freilassung des hessischen Landgrafen Philipp (1504–1567), später »der Großmütige« genannt, aus kaiserlicher Gefangenschaft erwirken. Beide Philipps, Margarethas Vater und der Landgraf, hatten sich

◄ Sieben bei Tisch – Schneewittchenhaus in Bergfreiheit (► S. 62).

frühzeitig für die Reformation in ihrer Heimat starkgemacht. Philipp von Waldeck war Martin Luther 1521 auf dem Reichstag in Worms begegnet und seither ein überzeugter Anhänger; Philipp von Hessen hatte 1527 in Marburg die erste protestantische Universität gegründet und war 1547 nach der Niederlage im Schmalkaldischen Krieg vom katholischen Kaiser festgesetzt worden. Auftritt Schneewittchen.

Tod durch Arsen?

Nun aber verzweigen sich die Vermutungen. Betörte Margarethas Schönheit die falschen Männer? Kronprinz Philipp II. von Spanien (1527–1598) soll ihr nahe gekommen sein – doch war für ihn die Ehe mit seiner deutlich älteren Tante vorgesehen, Maria I. von England (1516–1558), die Hunderte Protestanten als Ketzer auf den Scheiterhaufen schickte und dafür im Volk den Schmähnamen »Bloody Mary« trug. Musste Margaretha also aus dynastischen Gründen aus dem Weg geräumt werden? Oder war es Eifersucht? Auch der Niederländer Lamoral Graf von Egmont (1522–1568) war in Liebe entbrannt und schenkte der jungen Waldeckerin sein Bildnis. Oder waren es tatsächlich Nachstellungen der Stiefmutter, deren Ehe kinderlos bleiben sollte? Von Arsen ist in den Chroniken die Rede, und Toxikologen wissen, dass mit dem langsam wirkenden Gift auch die zittrige Schrift auf dem Testament Margarethas zu erklären wäre. Das mit sieben Siegeln beglaubigte Dokument liegt im Hessischen Staatsarchiv zu Marburg, Aktenzeichen 115.1 Nr. 251. Wer es liest, dem fährt ein Schauer über den Rücken.

Zwerge im Bergbau

Aber wie es in der Wissenschaft so geht: Jede Theorie ruft Konkurrenz hervor. Im heute bayerischen Lohr am Spessart, 200 km südlich von Bad Wildungen, gibt es einen Spiegel, der einst der Schlossherrin Claudia von Venningen eingeflüstert haben soll, ihre Stieftochter Maria Sophia von Erthal sei noch viel schöner als sie. Und ein »Schneewittchenwanderweg« führt vom Schloss ins hessische Bieber bei Gelnhausen, wo Zwerge im Bergwerk gearbeitet haben. Es heißt, der Stoff des Märchens sei in 75 Versionen in aller Herren Länder verbreitet; die Brüder Grimm sammelten, destillierten und komponierten daraus einen Mythos von Weltgeltung: Jeder kennt Schneewittchen. Das Schloss in Lohr beherbergt heute das Spessartmuseum. Das Meisterwerk der kurmainzischen Spiegelmanufaktur ist dort immer noch zu sehen. Und sagt zu alledem kein Wort.

Die Geschichte der Zwerge dagegen ist verbürgt: In Bergfreiheit, einem dörflichen Stadtteil von Bad Wildungen, konnten im 16. Jh. tatsächlich nur Kleinwüchsige in die gerade einmal tischhohen Stollen der Kupfermine einfahren. Meist also Kinder. Das war in vielen Bergwerken der Zeit so. Wenn sie nach Jahren in der klammen, kalten, vom krebserregenden Grubengas Radon erfüllten Dunkelheit wieder ans Licht kamen, wirkten sie wie verwelkt. Um ihre Kindheit betrogen, verwachsen, bleich und vor der Zeit zu Greisen geworden.

Die Geschichte des Bergbaus prägt den Ort, im Schneewittchenhaus wird sie lebendig – und manches Haus in Bergfreiheit wirkt noch heute, als könnten die sieben Zwerge abends heimkehren, sich an den Tisch setzen, von ihren Tellerchen essen ...

Bad Wildungen ▸ C2

Die Kleinstadt Bad Wildungen ist eine Schönheit von herrschaftlichem Glanz. Hoch über der Fachwerkaltstadt thront das barocke Schloss Friedrichstein mit seinen vielfältigen Sammlungen vor allem zur Jagd- und Militärgeschichte – dort, wo vordem eine mittelalterliche Burg stand. Von der alten Burg ist nach dem 1714 vollendeten Umbau nur der Turm erhalten geblieben.

Das Stadtbild ist geprägt vom ungewöhnlichen Kontrast zwischen stolzem Fachwerk und Prunkbauten aus Gründerzeit und Jugendstil, einer Zeit, als eine Kur in Bad Wildungen einfach dazugehörte. Übrigens auch für die Grimms: Die Schwester Charlotte hielt sich hier auf, um ihre angegriffene Gesundheit zu pflegen, begleitet vom Bruder Ludwig Emil Grimm. Man wohnte seinerzeit bei Verwandten der Familie Wild (Dortchen Wild war die spätere Frau von Wilhelm Grimm) aus Kassel. Jacob und Wilhelm kamen regelmäßig zu Besuch.

Der Märchenwald beginnt vor der Haustür. Es ist der heutige Nationalpark Kellerwald-Edersee, ein gewaltiger Buchenwald. Die Nationalparkverwaltung befindet sich in Bad Wildungen. Seit dem 25. Juni 2011 gehört das riesige Gebiet zum Weltnaturerbe der UNESCO.

SEHENSWERTES

Schloss Friedrichstein

Einst Sitz des Waldecker Grafen- und Fürstenhauses. Im Schloss ist eine Ausstellung zur Jagd- und Hessens Militärgeschichte zu sehen. Schneewittchens historische Vorlage, Margatha von Waldeck, soll hier gelebt haben.

Schlossstr. 23, 34537 Bad Wildungen • Tel. 0 56 21/65 77 • www.museum-kassel.de • Di–So 10–17 Uhr – Café im Gewölbekeller und auf der Aussichtsterrasse • Tel. 0 56 21/9 69 09 82 • www.schlossfriedrichstein.de • März–Sept. 10–17, Okt.–Dez. Di–Fr 14–17, Sa/So und feiertags 11–17 Uhr

Schneewittchendorf Bergfreiheit

Im Schneewittchenhaus, einem Bergmannshaus aus dem Jahr 1736, sind Ausstellungsstücke zu Schneewittchen zu sehen. Jeden zweiten Sonntag schaut sie samt den sieben Zwergen sogar persönlich vorbei.

Kellerwaldstr. 27, 34537 Bad Wildungen-Bergfreiheit mit Besucherbergwerk Bertsch (Führungen in die ehemalige Kupfermine April–Okt. Mi–So 14, 14.45, 15.30 Uhr oder nach Absprache: Tel. 0 56 26/5 92)
– Museum Historisches Bergamt • April–Okt. Mi–So 14–16 Uhr
– Schneewittchenhaus • April–Okt. Mi–So 15–17, Nov.–März Sa/So 15–17 Uhr sowie nach Absprache (Tel. 0 56 26/17 36)

EINKEHREN

Das Waffelhaus

Spezialitätenrestaurant mit über 130 leckeren Waffelgerichten – süß oder herzhaft – auf der Speisekarte.

Bilsteinstraße 67, 34537 Bad Wildungen-Reitzenhagen • Tel. 0 56 21/51 90 • www.waffelhaus.de

Freund – Das Hotel & SPA-Resort ▸ C2

Ein idyllisches, familiengeführtes Ziel im Kellerwald, in dem alle Sinne auf ihre Kosten kommen. Partnerhotel »Perlen – die führenden Hotels in der Heimat der Brüder Grimm«.

Sauerlandstr. 6, 34516 Vöhl-Oberorke • Tel. 0 64 54/70 90 • www.hotelfreund.de

Fürstlich residieren hieß es früher im eleganten Hotel Fürstenhof in Bad Wildungen (▶ S. 64), heute ist eine Klinik in dem imposanten Gebäudekomplex untergebracht.

Hotel Restaurant Café Hardtmühle

Idyllisch gelegen, mit Sonnenterrasse am Mühlteich, aus dem die Forellen frisch auf den Tisch springen. Im Winter brodelt im Kaminzimmer ein Feuer.
Im Urfftal 7, 34537 Bad Wildungen-Bergfreiheit • Tel. 0 56 26/9 22 20 • www.hardtmuehle.de • tgl. 11.30–22 Uhr

Landhotel Bärenmühle ▶ C2

Eleganter Landhausstil am leise rauschenden Bach. Partnerhotel »Perlen – die führenden Hotels in der Heimat der Brüder Grimm«.
Bärenmühle, 35110 Frankenau-Ellershausen • Tel. 0 64 55/75 90 40 • www.baerenmuehle.de

Gourmetrestaurant Alte Turmuhr und Café Restaurant Altane ▶ C2

Über dem Edersee thront das Schloss Waldeck, in dem so manches von Dorothea Grimm und den Ederzwergen inspirierte Rezept serviert wird. Partnerhotel »Perlen – die führenden Hotels in der Heimat der Brüder Grimm«.
Hotel Schloss Waldeck, 34513 Waldeck • Tel. 0 56 23/5 89-0 • www.schloss-hotel-waldeck.de

FESTE UND EVENTS

Märchenfestival »5 auf einen Streich«

Immer im Mai richten Bad Wildungen und vier Nachbarstädte (alle Mitglieder der Deutschen Märchenstraße) an fünf Wochenenden ein Festival zu Märchen, Sagen und Legenden aus.
www.maerchenfest2012.de

Literarischer Frühling

Erstmals 2012 trafen sich führende Autoren – etwa Günter Grass, Julia Franck oder Friedrich Christian Delius – und ihr Publikum, um nach grimmschem Vorbild die Tradition des Erzählens zu pflegen: Lesungen und Workshops für Autoren. Veranstaltungsorte sind Hotels – und es soll weitergehen.
www.literarischer-fruehling.de

TOUR 4

Reinhardswald und Sababurg

Eingerahmt von einem märchenhaften Wald, stehen im nördlichsten Winkel Hessens Dornröschen und Rapunzel hoch im Kurs. Und der Beitrag der Hugenotten ist unverkennbar.

◂ Blühende Blumenpracht vor dem Ostturm des Dornröschenschlosses Sababurg (▸ S. 68).

Der Urwald ist nicht wirklich ein Urwald, und ein Dornröschen hat nie auf dem Schloss geschlafen. Schon gar nicht 100 Jahre lang. Wer glaubt, die Wirklichkeit ließe sich auf das Format einer Doku-Soap reduzieren, der darf vor dem Fernseher sitzen bleiben. Im Land der Märchen und Sagen gibt es mehr zu erzählen, zu spüren und zu ahnen, als sich mit Erbsenzählerei, dem Zollstock oder gar einer Meinungsumfrage erfassen lässt. Wer aber ein offenes Verhältnis hat zu den Geheimnissen, die uns umgeben, und ein Gespür für die vielen Schichten und Facetten der Wirklichkeit – der kann im Reinhardswald und rund um Sababurg sein grünes Wunder erleben.

Reinhardswald ▸ D1

Erstens also: der Wald. Gleich hinter Reinhardshagen beginnt er, ein Märchenwald. Von der Weser westwärts, und eine Allee aus Eichen führt mitten hinein in ein wogendes Meer aus Bäumen. Von Hofgeismar ein paar Kilometer in Richtung Osten, von Immenhausen oder Gottsbüren, von Staufenberg, Helmarshausen oder Bad Karlshafen – es ist ein riesiges Gebiet, 200 qkm groß, kaum ein Haus gibt es hier. Eine Stille, die hörbar wird, ein Naturereignis. Zwischen den knorrigen Stämmen am Straßenrand schimmert ein Grün aus tausend Schattierungen hervor, stellenweise pechschwarz. Die Tiefe erschreckt, und doch geht von ihr ein geheimnisvoller Sog aus.

Buchen und Kastanien ragen auf, helle Birkenwäldchen unterbrechen das Unterholz. Mal drängen sich Fichten zu einer alles Licht schluckenden Wand, dann wieder brechen Sonnenstrahlen durch ein Blätterdach von der Erhabenheit einer gotischen Kathedrale. Der Wald ist ein grüner Dom. Gras wächst zwischen den Bäumen wie in einem verwunschenen Park. Und immer wieder erheben sich Eichen über die Kronen ringsum – einsame Riesen, wild und zerklüftet, oder zum Konvent versammelt, als hätte vor 1000 Jahren einer den Ort mit einem grimmigen Schwur belegt. Gibt es hier Waldgeister? Tanzen Feen im Mondlicht auf einsam versteckten Lichtungen? Stapfen Zwerge durch das Gestrüpp, kleinwüchsige, mürrische Kerle auf dem Weg zu ihrer täglichen Fron in den Minen? Vor Wildwechsel wird gewarnt, sehr eindringlich. Der Tiefe des Waldes ist nicht zu trauen …

Vom Reichsforst zum Urwald

Unter all den Geschichten, die uns der Wald erzählt, ist es zunächst einmal seine eigene, die wie ein Märchen klingt. Der Urwald war einst ein Reichsforst, besiedelt, ausgebeutet, zwischen wechselnden Herren verschoben. Von frühen Siedlungen wie Hofgeismar aus wurde er genutzt, gerodet und in Ackerfläche verwandelt. Aus dem Holz wurden Häuser und Schiffe gebaut, Böttcher schlugen Fässer, Stellmacher spannten Wagenräder über die Speichen, Kannegießer und Schüssler formten den Ton. Es gab Bergbau in der Region, über und unter Tage; Glas- und Eisenhütten nutzten den reichlich vorhandenen Brennstoff, Holz und Braunkohle. Dörfer wurden gegründet, Hagehufendörfer, deren Höfe sich entlang der Straße reihten, und

Bauern trieben ihr Vieh zum Weiden ins Gehölz. In den Hutewäldern fanden Schafe und Ziegen, Pferde und Kühe ihre Nahrung. Bis zum Ende des 19. Jh. stampften unzählige Schweine den Boden fest und mästeten sich an Eicheln und Bucheckern dort, wo sie herabfielen. Den schon seinerzeit viele Hundert Jahre alten Bäumen mochten sie vielleicht nichts anhaben können, doch irgendwann wurde es Zeit, den Wald zu retten.

Ob das schon Graf Reinhard gelang, der einstmals seiner Leidenschaft für das Würfelspiel erlag und seinen gesamten Besitz, das Land zwischen Diemel und Weser, an den Bischof von Paderborn verlor? Es ist nur eine Sage, und niemand sollte sich mit der Frage quälen, ob das Glücksspiel der rechte Zeitvertreib für kirchliche Würdenträger sei – aber der schlaue Reinhard bat seinen Gegenspieler um eine letzte Gunst, bevor er den Besitz übergeben wollte: nur einmal noch säen und ernten. Der Geistliche witterte keinen Arg, doch der listige Graf säte Eicheln und Bucheckern aus und feixte: Bis deren Holz zu einem Wald gewachsen war und geschlagen werden konnte, war längst niemand mehr da, der die Spielschulden hätte einfordern können.

Was bleibt, ist ein Wald, dessen schiere Größe und Wucht die Menschen mit Ehrfurcht erfüllen. Ein Naturschutzgebiet, in dem die Natur nicht Schwäche und Verletzlichkeit zeigt, sondern Kraft und machtvollen Willen. Ein Revier für Hirsch und Habicht, das wieder zum Urwald wurde, zum Biotop für Wildkatze und Waschbär, Hirschkäfer, Falke und Uhu. Dieser Wald zeigt, was möglich ist. Und jeder, der ihn betritt, wird von seinem Zauber umfangen.

Sababurg

▸ D1

Und dann das Jagdschloss. Tatsächlich nutzten die Landgrafen und späteren Kurfürsten von Hessen-Kassel das riesige Gebiet, um darin ihre Jagdreviere abzustecken. Ein beliebter Ausgangspunkt für das herrschaftliche Vergnügen war Sababurg. Eine Wehranlage, die »Zappaborgck« oder »Zapfenburg«, war auf dem 346 m hohen Basaltkegel schon 1334 erbaut worden, nachdem im nahe gelegenen Gottsbüren der unverweste Leichnam Christi mit blutenden Wundmalen gefunden worden war. Ein Wunder, natürlich! Aber natürlich lag in solchen Funden immer auch ein Segen für jene Regionen, deren Bewohner hart ums Überleben kämpfen mussten. Und wirklich gab Erzbischof Balduin von Trier daraufhin den Ort der göttlichen Offenbarung für Pilgerfahrten frei, und vom 1086 gegründeten Kloster Lippoldsberg an der Weser aus wurden Wallfahrten organisiert: Das Kloster hatte seinen Gewinn, und auch Gottsbüren erlebte eine Zeit der Blüte.

Die Burg im Reinhardswald dagegen verfiel schon bald, zerrieben in den Machtkämpfen der Landesherren und der Kirche. Erst 1490 begann der hessische Landgraf Wilhelm I. (1466–1515) auf den Ruinen ein befestigtes Haus zu errichten, ab 1508 ließ sein Sohn Philipp I. (1504–1567, Gründer der Universität von Marburg) daraus ein Jagdschloss bauen. Gern kam seither der Hof in den Wald, um mit seinen Gästen die Freuden der Jagd zu genießen. Wichtig also: Die Anlage heißt zwar auch »Burg«, ist in ihrem heutigen Zustand aber nicht als Befestigungsanlage erbaut worden, sondern als Jagdschloss. Der Schlossherr ist da kategorisch.

Eine bewegte Geschichte

Noch im 16. Jh., im Jahr 1571, gründete Landgraf Wilhelm IV. (1532–1592) in unmittelbarer Nähe einen riesigen Tierpark, einen der ersten in Europa. Pferdezucht war schon vorher hier betrieben worden. Die bewegte Geschichte des Anwesens indes setzte sich fort: Im Dreißigjährigen Krieg (1618–1648) wurde das Jagdschloss geplündert, und der katholische Heerführer Tilly nahm die Zuchtpferde als willkommene Beute. Später wurde das Schloss wieder aufgebaut, im Siebenjährigen Krieg (1756–1763) von französischen Soldaten erneut schwer beschädigt, unter Landgraf Friedrich II. (1720–1785) nochmals restauriert, um wieder als Refugium für die Jagd, für glanzvolle Feste und Gesellschaften genutzt zu werden. Dann aber umrankte Efeu die Türme, die Mauern wurden rissig. Das Schloss, sagen die Chronisten, fiel in einen mehr als hundertjährigen Dornröschenschlaf. Mit der Formulierung spielen sie auf eine Entdeckung der Neuzeit an. Zu Zeiten der Brüder Grimm mag das Jagdschloss bereits geschlummert haben. Aber entsprach nicht genau das den Träumen der Epoche? Hatte nicht der Landgraf und spätere Kurfürst Wilhelm I. in Kassel die Löwenburg von Anfang an als eine romantische Ruine bauen lassen?

Manchmal bringen Orte ihre Märchen hervor, manchmal aber auch Märchen ihre Orte. Und Sababurg erwachte – und war das Dornröschenschloss, ein Ziel für Reisende aus aller Welt auf der Suche nach einem Platz, an dem sich die Märchen der Brüder Grimm wie auf einer Bühne betreten lassen. Es ist ja alles da: Türme und Zinnen, von denen der Blick weit über das Land geht, ein Schlosshof, duftende Rosen und

Verwunschene Baumgestalten lassen im Reinhardswald Märchenbilder wahr werden. (▸ S. 67).

Wisente im Tierpark Sababurg am Fuß des Dornröschenschlosses (▶ S. 71), das heute ein Ort von Geschichte und Gastlichkeit ist.

ein Märchenwald ringsum, in dem schon nach wenigen Schritten kein Zweifel mehr besteht, dass irgendwo hinter den Bäumen ein Hexenhaus aus Lebkuchen steht und gleich ein Mädchen mit roter Kappe und einem Korb am Arm singend des Weges kommt. So viel Geschichte hat sich dem alten Gemäuer eingeschrieben, selbst die Stille seines Dornröschenschlafs ist in ihm zu vernehmen.

Gastronomie mit Inszenierung

Der Hausherr hilft heute ein bisschen nach. Das Schloss ist ein Hotel und Restaurant, beides von nobler Qualität. Und Dornröschen ist das Thema. Das Hotel hält Kemenaten und Turmgemächer bereit, in denen Sterne aus LED-Lichtlein über den Tiefschlaf im Himmelbett wachen und dabei ihre Farbe wechseln. Im Restaurant »Rosenkrone« zaubert der Küchenchef René Müller ein Brüder-Grimm-Gedeck mit Stubenküken und Rheinwein, wie ihn Jacob und Wilhelm Grimm geschätzt haben. Die Karte empfiehlt Feentrunk und Dornröschens Rosenlikör, mehrsprachig, bei Bedarf auch auf Japanisch. Und ein eigenes Standesamt bietet seine Dienste an: Heiraten im romantischen Dornröschenschloss. Überall blühen Rosen, Rosen, Rosen.

Seit 1972 gibt es auch den 400 Jahre zuvor gegründeten Tierpark wieder; auf Wiesen vor dem Schloss grasen Wisente und Wildpferde, außerdem sind Luchse, Adler und sogar Wölfe zu bestaunen. In der Küche lässt sich der kulinarische Umgang mit Wildschwein lernen, auch der Liebes-Kochkurs stößt auf interessierte Nachfrage. Lesungen und Märchenführungen geleiten Besucher in die Welt der Brüder Grimm. Manchmal treten die in ganz Hessen populären Schauspieler Stefan Becker und Carlo Ghirardelli im SabaBurgTheater als Jacob und Wilhelm Grimm auf und geben einen Einblick in deren Lebensweg »Vom Monarchisten zum Revolutionär«. Bisweilen auch gewähren Dornröschen und ihr Prinz in zeitgenössischen Kostümen eine Audienz und prosten den Gästen zu. Natürlich mit einem Rosenkelch.

Ob es hier aber wirklich ein Dornröschen gegeben hat, ob der Mythos vielleicht von den Hugenotten aus Frankreich importiert wurde, ob der Marburger Maler Otto Ubbelohde möglicherweise einen ebenso passenden Ort für hundertjährigen Schlaf gefunden hat, wenn er das Märchen in seiner Illustration aus purer Laune im Innenhof von Schloss Weilburg an der Lahn ansiedelt – wer fragt hier schon danach? Was zählt, ist die Inszenierung. Und die findet nun mal auf der Sababurg statt.

SEHENSWERTES

Dornröschenschloss Sababurg

Speise- und Kaffeeschänke Heimatpforte tgl. 11–21.30 Uhr, Restaurant Rosenkrone 18–21 Uhr. Regionale Spezialitäten mit Blüten und Früchten aus den Schlossgärten. Partnerhotel »Perlen – die führenden Hotels in der Heimat der Brüder Grimm«.

Im Reinhardswald, 34369 Hofgeismar • Tel. 0 56 71/80 80 • www.sababurg.de • Sagen- und Märchenaudienzen April–Okt. Sa/So, Dornröschenrundgang, Museum, Außenbesichtigung April–Okt. tgl. 10–17 Uhr

Tierpark Sababurg

Insgesamt 130 ha umfasst der Park mit Greifvogelanlage (Flugvorführungen März–Okt., Mo Ruhetag), einem Bauernhof mit alten Haustierrassen, Streichelzoo, Spielplatz und einem Forst- und Jagdmuseum. Eine Busverbindung (Linie 190) von den Bahnhöfen Hofgeismar und Hann führt direkt zum Tierpark.

34369 Hofgeismar • Tel. 0 56 71/ 76 64 99-0 • www.tierpark-sababurg.de • April–Sept. tgl. 8–19, März, Okt. 9–17/18, Nov.–Feb. 10–16 Uhr

Der hundertjährige Schlaf

Schließlich der Schlaf. »Ich kann nicht umhin, eine Stelle Walthers von der Vogelweide hier auszuheben«, sagte Jacob Grimm in seiner »Rede über das Alter«, die er im Januar 1860 in der Königlichen Akademie der Wissenschaften zu Berlin hielt, »worin mit tiefer Empfindung ausgesprochen wird, wie der nach langer Abwesenheit endlich in seine Heimat zurückkehrende Dichter alles, außer der Natur selbst, verändert findet, gleich den aus Zauberschlaf erwachten, die eine Stunde geschlummert zu haben meinen und hundert Jahre verschlafen haben, sodass niemand von den Leuten sie wieder erkennt.«

Weise war der Wissenschaftler nach so vielen Jahren des Lernens und Lesens geworden. Weise und längst nicht mehr sicher, dass wirklich alles im Leben genau so ist, wie es auf den ersten Blick erscheint. Nur einen Monat zuvor, im Dezember 1859, hatte er seinen Bruder Wilhelm zu Grabe getragen. Da ist es schon anrührend, wie ihn das Bild des mittelalterlichen Dichters beschäftigt, das ihm aus seinem eigenen Märchen so vertraut geworden war: die Idee einer unerklärlichen Fremdheit, einer Abwesenheit, die der Abwesende selbst gar nicht bemerkt, und eines Schlafes, während dessen das Leben der anderen weitergeht und auch für sie ein Ende findet. Nur in seiner französischen Version nach Charles Perrault (1628–1703) ist es Dornröschens erste Sorge beim Erwachen, dass ihre Kleider nach hundert Jahren nicht mehr der Mode entsprechen. Für den alt gewordenen Jacob Grimm steckt schon eine Menge mehr in den Märchen als böser Wolf und schöne Prinzessin und der handfeste Spaß an einem gedeckten Tischlein, einem Esel, der goldene Dukaten defäkiert, und einem Knüppel, der jedem Bösewicht den Buckel blau prügelt.

Zeugnisse der Vergangenheit

Überall sind dieser Gegend Tiefe und Reichtum ihrer Vergangenheit anzumerken. Überall künden trutzige Burgen und knorrige Bäume von uralten Zeiten. Ein Mauerrest, die plötzliche Stille auf einer Lichtung, das ferne Läuten einer Glocke. Das **Kloster in Lippoldsberg** beispielsweise, noch in Hessen, aber schon auf der östlichen Uferseite der Weser gelegen, verzichtet auf Fresken und Figurationen und vertraut stattdessen auf die wuchtige Klarheit seiner romanischen Gewölbe – und lässt damit Besuchern den Atem stocken. Und das seit 1000 Jahren. Im Skriptorium der **Abtei von Helmarshausen**, nahe Bad Karlshafen im Westen des Waldes, entstanden derweil Buchmalereien von kaum fassbarer Innigkeit und Pracht. Um das Jahr 1180 haben Mönche hier das Evangeliar Heinrichs des Löwen illuminiert; heute wird es mit dem Welfenschatz in Wolfenbüttel aufbewahrt – eines der kostbarsten Bücher der Welt.

SEHENSWERTES

Klosterkirche Lippoldsberg ▸ D1

Schäferhof 19, 37194 Wahlsburg • www.klosterkirche.de • Klosterpforte (Museum) tgl. 10–17 Uhr und vor Veranstaltungen, Kirche tgl. 9–18 Uhr

MUSEEN

Heimatmuseum Helmarshausen ▸ D1

Führungen durchs Klosterareal der Abtei von Helmarshausen durch Egon Haake, Tel. 05672/922401, weitere Informationen unter www.heimatverein-helmarshausen.de.
Altes Rathaus, Poststr. 40, 34385 Bad Karlshafen-Helmarshausen • Tel. 05672/921378 • Mai–Okt. Di, Do 9–11, Sa/So 15–17 Uhr

Trendelburg ▸ D1

Auch Jacob Grimm hat in dem alten Kloster nach Sagen und Mythen aus den Tiefen der Geschichte geforscht. So vieles hat die Leute hier bewegt, mit Hoffnung erfüllt, geängstigt. Die Wolkenbrüche bei Trendelburg etwa, zwei tiefe Trichter im dichten Buchenwald, in denen die Erdoberfläche in unterirdische Hohlräume eingesackt ist; in einem hat sich ein geheimnisvoller See gebildet.
Der Sage nach war es die Riesin Trendula, eine Heidin, die hier vom Blitz erschlagen wurde, nachdem sie ihre christlichen Schwestern Brama und Saba, verfolgt, gequält und Brama, die Begründerin der Bramburg, aus Neid erschlagen hatte. Nach der Freveltat war die Mörderin auf die Trendelburg gezogen und hatte dort Gott verspottet. Bis der ein Unwetter aufziehen ließ und Blitze auf sie schleuderte.

SPORT UND FREIZEIT

Park & hike

Vom Parkplatz an der Straße zwischen Trendelburg und dem Ortsteil Friedrichsfeld führt ein Fußweg an den Rand des beeindruckenden »Nassen Wolkenbruchs«. Aber Vorsicht: Alle sieben Jahre schaut auch der Geist der Trendula vorbei.

Der Zauberer der Krukenburg

Die Brüder Grimm haben die alte Sage noch anders gehört. Danach hatte auf der Krukenburg bei Helmarshausen ein Zauberer gelebt, der heiraten wollte, doch nacheinander bei Saba auf der Sababurg und Lippolda in Lippoldsberg abgeblitzt war und nun auch auf der Trendelburg keine Gegenliebe fand. »Darüber ward der Zauberer zornig, drang zur Trendela, fasste sie, wie sie gerade in der Mitte ihrer Frauen saß, und führte sie mit sich in der Luft fort, warf sie herab, tief in die Erde, man sieht noch die Öffnung, dann eilte er auf die Burg und zersprengte sie und ließ sich von den Ruinen todtschlagen.« So steht es bei den Grimms. Die Krukenburg mit ihrer seit 500 Jahren verschütteten Krypta sollte man unter tief hängenden, dunklen Wolken besuchen: Es ist ein unheimlicher Ort.

Rapunzel und die Trendelburg

Die Trendelburg dagegen hat sich einer freundlicheren Geschichte verschrieben. Der markante Turm der hoch über dem Ort gelegenen Burg eignet sich so recht als Vorlage, das Märchen von Rapunzel darauf zu projizieren: ein steiler Schaft, hoch oben ein Fenster zum Turmstübchen – eigentlich eine erstklassige Bühne. Wo, wenn nicht hier, soll das von der bösen Zauberin Gothel eingesperrte junge Mädchen sehnsüchtig auf ihren Prinzen gewartet und ihn endlich an ihrem Haar hinauf ins Liebesnest gezogen haben? Das Burg-Hotel jedenfalls hat – ähnlich wie in der nahe gelegenen Sababurg – sein Programm ganz auf Grimms Märchen abgestellt: Märchen-Dinner, Ritter-Bankett, kostümiertes Personal, ein Märchentheater mit Scherenschnittfiguren, ein Hochzeitsarrangement … Der Rapunzelsalat ist mit Balsamico angemacht – aber es wäre eine allzu kühne Vermutung, darin einen versteckten Hinweis zu sehen, dass es der Neapolitaner Giambattista Basile war, der das Märchen schon 200 Jahre vor den Brüdern Grimm erzählt hat. Von der Burgterrasse reicht der Blick über das stille, friedliche Tal der Diemel.

EINKEHREN

Hotel Burg Trendelburg

Märchen- und Grusel-Dinner, Rittermahle und Hochzeit in der Burgkapelle. Führungen unter Tel. 0 56 75/ 74 99 18. Jeden Sonntag um 15 Uhr lässt Rapunzel aus einem Fenster des Bergfrieds ihr goldenes Haar herab und lädt danach zur Autogrammstunde ein (Eintritt frei).

Steinweg 1, 34388 Trendelburg • Tel. 0 56 75/90 90 • www.burg-hotel-trendelburg.com • tgl. ab 12 Uhr

Vielseitige Naturlandschaften

Naturschönheit, die eine Geschichte hat. Und Geschichte, die sich in die Natur einbettet: Es ist ein Land, das vieles über Stimmungen und Ahnungen mitteilt, zu erleben im Licht eines frühen Abends, im weiten Blick von einer Burg über grüne Hügel und kleine Städte. Ein Leben in der Natur. In Wülmersen ein Wasserschloss aus alten Zeiten, die Wallfahrtskirche in Gottsbüren, ein Waldstück, das den Namen »Mordkammer« trägt. Hier soll Saba von ihrer Schwester Trendula erwürgt worden sein. Auf Hölleberg und Stahlberg ganz in der Nähe dann wieder so ein Naturerlebnis: das größte zusammenhängende Kalkmagerrasengebiet der Region. Für botanische Laien: Orchideen, Enziane, Mannsknabenkraut, Dreizähniges Knabenkraut, Mückenhändelwurz, dazu Vögel wie Wachtel, Wiesenpieper, Neuntöter – kurz, ein Reichtum an Blütenpflanzen und Tieren in selten anzutreffender Artenvielfalt.

MUSEEN

LandMuseum im Wasserschloss Wülmersen ▸ D1

Führungen für Kinder mit Schlossgeist Wülma, Aktionstage, Museumskiosk, Zeltplatz und Gruppenunterkünfte – direkt am Diemelradweg.
Tel. 0 56 75/7 21 03 48 • www.wasserschloss-wuelmersen.de • Mai–Okt. Di–Fr 10–18, Sa 14–17, So 11–18 Uhr

Hofgeismar ▸ C1

Aber dann die Erkenntnis: Entstehen konnte das alles nur, weil hier Wald gerodet wurde, um Schafe weiden zu lassen. Kultur war es, die der Natur zu ihrem triumphalen Auftritt verhalf! Und der Hölleberg hieß früher Helleberg, ganz einfach, weil die gerodete Fläche sich hell vom Dunkel des Waldes abhob. Nur nicht allzu eilig in ominöses Geraune verfallen; manchmal hilft es, den Wegen der Sprache zu folgen, um nicht blind der allerersten Assoziation hinterherzurennen. Die Brüder Grimm, Sprachforscher, Etymologen und Erforscher von Lautverschiebungen, konnten solche Geschichten erzählen. Auf dem Hölleberg, der also nichts mit Tod und Teufel zu tun hat, gibt es einen Segelflughafen. Von oben muss das alles wie ein Märchen aussehen.
Aus Hombressen kam der sagenhafte Wilddieb Strufus, ein hessischer Robin Hood, der den armen Bauern seines Dorfes so manches frisch erlegte Stück Wild vor die Haustür gelegt haben soll. Noch heute rühmt eine Inschrift über dem Dorfgemeinschaftshaus den Gesetzesbrecher: »Niemanden Herr und niemanden Knecht, so war auch Strufus Art, ein hoher Sinn für Freiheit und Recht, mit hilfreichem Herzen gepaart.«
Und Beberbeck war der Ort, an den die Pferde von der nahe gelegenen Sababurg in ein Gestüt kamen, das unter den Kurfürsten Wilhelm I. und Wilhelm II. – zu Zeiten der Brüder Grimm also – Bedeutung in ganz Hessen, später in Preußen gewinnen sollte. Nebenbei: auch als »Ackerbauschule für Söhne aus gebildeten Ständen«. Die Großzügigkeit der Anlage und die barocke Pracht von Schloss, Park und Domäne muss wohl auch den Planern aus jüngerer Vergangenheit ins Auge gestochen sein: Beberbeck, ringsum von Wald umgeben, sollte zu einer gewaltigen Ferien- und Freizeitanlage mit 4500 Betten, Golfplätzen, Ferienhäusern und Hotels ausgebaut werden. Der Plan scheiterte jedoch, nicht zuletzt am Einspruch der Naturschützer. Ende 2010 erklärte der Bürgermeister das Projekt offiziell für beendet. Beberbeck darf eine Idylle bleiben.

Bewahrung und Aufbruch

Sababurg, Hombressen und Beberbeck sind Ortsteile von Hofgeismar, und auch Hofgeismar im Westen des Reinhardswalds entwickelt seinen Charme auf den ersten Blick eher aus respektvollem Bewahren. Die Altstädter Pfarrkirche etwa mit ihrem mächtigen Wehrturm, eine gotische Hallenkirche, mit deren romanischer Vorstufe wohl schon im Jahr 1082 begonnen wurde: Der berühmte Passionsaltar von 1310 gilt als herausragendes Beispiel früher deutscher Tafelmalerei. Kenner registrieren auch

Keine pure Nostalgie: Wenn die grimmsche Märchenwelt auf die Moderne trifft, entstehen Bilder wie dieses – Dornröschen und Prinz auf E-Bikes.

die kunsthistorische Verwandtschaft zu den Vorbildern der Soester Schule. Oder das prachtvoll restaurierte Rathaus aus dem 14. Jh., der von stolzen Fachwerkbauten umsäumte Markt, die Neustädter Kirche, das »Steinerne Haus«, 900 Jahre alt und heute Sitz des Apothekenmuseums, daneben die nur noch in Teilen erhaltene Stadtbefestigung, die Eberschützer Klippen mit ihren Festungsanlagen aus karolingischer Zeit: Hofgeismar ist ein Schatzkästlein der Geschichte. Der sicherlich praktische Neubau der Stadthalle schräg hinter dem Rathaus sei hier mal ausgeklammert.

Doch immer wieder ist es auch der Aufbruch, der im Bild der Stadt zum Ausdruck kommt. Die Impulse etwa, die einst die Hugenotten dem Lauf der Zeiten gegeben haben: Ludwig XIV., der Sonnenkönig, hatte 1685 in Fontainebleau das Edikt von Nantes aufgehoben, in dem das friedliche Zusammenleben der Konfessionen in Frankreich garantiert worden war – und hatte damit die Protestanten zu Zig- und Hunderttausenden aus dem Land getrieben.

Karl (1654–1730), Landgraf von Hessen-Kassel, erkannte die Chance und griff zu. Im reformierten Hessen bot er den Glaubensflüchtlingen meist aus dem Süden Frankreichs eine neue Heimat. Keine Region in Deutschland nahm so viele von ihnen auf und keine profitierte so deutlich von den oft gut ausgebildeten Handwerkern, Baumeistern und Kaufleuten. Tatendurstig waren sie außerdem – und erpicht, den Verlust der Heimat auszugleichen, so rasch es ihnen nur möglich war: gute, fleißige Leute. Der sonnengleiche König von Frankreich muss bei seiner Entscheidung einen eher bedeckten Tag erwischt haben.

Wie in der Oberneustadt in Kassel oder in Karlshafen an der Weser haben auch in Hofgeismar die Hugenotten und die ihnen glaubensverwandten Waldenser deutliche Spuren hinterlassen. Schon 1686 gründeten sie eine französisch-reformierte Gemeinde in der Neustädter Kirche; ein Standbild in der Nähe erinnert heute an ihren ersten Pfarrer David Clément. In den Folgejahren entstanden eigene Siedlungen für die Flüchtlinge, etwa Friedrichsdorf, Schöneberg, Kelze, Gewissenruh oder das von Waldensern gegründete Gottstreu.

In Schöneberg erinnert eine der im Land so verbreiteten Bronzeskulpturen an eine Frau, deren Urgroßvater Isaac Pierson als hugenottischer Glaubensflüchtling aus Frankreich gekommen und hier zum Dorfvorsteher aufgestiegen war, bevor die Familie in die Gegend von Kassel zog: Dorothea Viehmann, 1755 dort als Dorothea Pierson geboren, wichtigste Zuträgerin der Brüder Grimm für deren Sammlung. Welche Bilder mag sie wohl im Sinn gehabt haben, wenn sie den Brüdern ihre Märchen erzählte: solche, die ihre Vorfahren schon aus Frankreich mitgebracht hatten? Oder solche, die in den Dörfern und Weilern am Reinhardswald herumgereicht worden waren? Die Skulptur zeigt die Märchenfrau als Kind mit ihrem Schöneberger Großvater, der ihr Geschichten erzählt.

MERIAN-Tipp 4

SCHÖNEBERGER BAUERNHOF-EIS ▸ C1

Familie Kersten hat ganze 40 Geschmacksrichtungen kreiert, die je nach Saison variieren. Natürlich zählt im Frühsommer ein Dornröschen-Eis aus Rosenblüten dazu. Besonders lecker ist auch Löwenzahn- oder Holunderblüten-Eis.
Bremer Str. 27, 34369 Hofgeismar-Schöneberg • Tel. 0 56 71/7 00 • Do ab 16, Fr ab 15, Sa 10–18, So bei schönem Wetter ab 10 Uhr

Eine Architektendynastie

Die Hugenottenkirche im Ortsteil Carlsdorf belegt derweil, mit welch energischer Konsequenz die Neusiedler hier Fuß fassten. Entworfen und gebaut wurde sie – wie der ganze Ort – von Paul du Ry (1640–1714), einem Sohn des Pariser Hofarchitekten Mathurin du Ry. Dieser Paul sollte Begründer einer ganzen Dynastie von hessischen Baumeistern werden: Sein Sohn Charles entwarf viele Gebäude in der Kasseler Oberneustadt, dessen Sohn Simon du Ry (1726–1799) avancierte dann zum Oberhofbaumeister in Kassel. Er errichtete das Fridericianum, das erste der Öffentlichkeit zugängliche Museum, gestaltete den Friedrichsplatz, den kreisrunden Königsplatz und die Königstraße, entwarf die Seitenflügel von Schloss Wilhelmshöhe, beaufsichtigte den Bau der landgräflichen Sommerresidenz Schloss Wilhelmsthal bei Calden. Und schuf in Hofgeismar das Schlösschen Schönburg im Park Gesundbrunnen.

Ein Soldat im Dreißigjährigen Krieg, so berichtet die Legende, soll hier einst seine Wunden kuriert haben. Rund 90 Jahre später, 1728, beschloss Landgraf Karl, um die Mineralquelle herum ein Heilbad aufzubauen. Der Kurbetrieb florierte. Zum ersten Badehaus, dem Karlsbad, kamen das Wilhelmsbad und 1770 das Friedrichsbad, noble und elegante Residenzen für Kurgäste, schließlich als Wohnsitz des Landgrafen und späteren Kurfürsten Wilhelm I. das von Simon du Ry im Stil des französischen Klassizismus erbaute und an einem kleinen See gelegene Schlösschen, zunächst Montcherie genannt, später Schönburg. Rhetorisch begabte Badeärzte sorgten für maßvolle Anwendung und angemessene Verbreitung ihrer Heilerfolge, man flanierte im Park, begegnete seinesgleichen – Hofgeismar als Badeort war seinerzeit ungemein en vogue. Heute residieren im schönen Ensemble das Evangelische Priesterseminar und im Schloss die Evangelische Akademie. Und die Heilquelle sprudelt munter in einem eigens dafür errichteten Brunnentempel im Park. Es lässt sich leben.

MUSEEN

Stadtmuseum Hofgeismar

Das Haus birgt Sammlungen zu den Hugenotten und Waldensern, zur Geschichte Hofgeismars und dem Töpferhandwerk im Reinhardswald.

Petriplatz 2, 34369 Hofgeismar • Tel. 0 56 71/47 91 • www.museum-hofgeismar.de • Mo, Di, Do 10–12, Mi 15–18, Fr 17–19, So und feiertags 11–13, 15–18 Uhr, Sa geschl. • Eintritt frei

EINKEHREN

Hotel & Restaurant Hans im Glück

Der Hessen-à-la-carte-Partner und zertifizierte Märchenkoch serviert regionale Gaumenfreuden.

Vor dem Schöneberger Tor 12, 34369 Hofgeismar • Tel. 0 56 71/7 75 • www.hotel-hans-im-glueck.de • Mo, Mi, Do ab 16, Fr, Sa/So 11–14 und ab 17 Uhr

Landhotel Zum Jean Bonnet

Hier wird die Historie der Hugenotten hochgehalten, und es wird mit Wildkräutern gekocht. Zum Dessert gibt's Schöneberger Eis aus frischer Bauernmilch.

Hugenottenstr. 6, 34369 Hofgeismar-Kelze • www.zum-jean-bonnet.de • Tel. 0 56 71/10 49 • Mi–Fr ab 18, Sa/So und feiertags 11.30–14.30, 18–22 Uhr

SPORT UND FREIZEIT

Luftsportverein Hölleberg

Die Sababurg von oben bestaunen: Rundflüge, Motorsegler, Ultraleichtflugzeuge, Ballons – und im Herbst steigt ein Flugplatzfest.

Flugplatz Hölleberg, 34388 Trendelburg • Tel. 0 56 75/4 54 • www.edvl.de

SERVICE

AUSKUNFT

Touristinformation Märchenland

Reinhardswald, Markt 5, 34369 Hofgeismar • Tel. 0 56 71/5 07 04 00 • www.reinhardswald.de

Bad Karlshafen ▸ D1

Hauptstadt der Hugenotten war jedoch Carlshafen, das seit 1935 mit »K« geschrieben wird und seit 1977 den Titel »Bad« im Namen führt. Bad Karlshafen also. Die Lage an der großen Weserbiegung im Norden des Waldgebiets war günstig, von hier aus dem Fluss den Weg abzuschneiden und durch einen Kanal westlich am Reinhardswald vorbei bis Kassel und endlich bis Marburg den Zoll in Hannoversch Münden zu umgehen. Landgraf Karl ging mit vollem Elan zur Sache. Doch um es kurz zu machen: Das Projekt blieb stecken, der Kanal endet nach knapp 20 km.

Was blieb, war eine nach Plänen der Baumeister Paul du Ry und Friedrich Conradi zur Ansiedlung von Protestanten aus Frankreich angelegte Barockstadt, deren klares Konzept bis heute die Frage aufwirft, ob bei ihrem Bau nun die Ästhetik die Hauptrolle spielte oder doch die Funktion. Der vom Weserknie abgezweigte Stadthafen, symmetrisch angelegte Straßen, gesäumt von weißen Häusern (das mächtigste davon, das ehemalige Packhaus, dient heute als Rathaus, schneeweiß und direkt am Wasser): Bad Karlshafen ist eine Schönheit.

Das allmähliche Versanden der Kanalbaupläne scheint niemanden allzu tief bewegt zu haben. Schon 1730, drei Jahrzehnte nach Gründung der Stadt, entdeckte ein hugenottischer Apotheker Solequellen. Wie später in Bad Orb (▸ S. 24) wurden Gradierwerke zur Salzgewinnung gebaut, der Salzhandel entwickelte sich, und der Kurbetrieb nahm Fahrt auf. Carlshafen im Glück; das Flüchtlingsprojekt hatte sich wieder mal bestätigt.

Rokoko in Nordhessen

François de Cuvilliés (1695–1768) war als Hofzwerg in die Dienste des bayrischen Kurfürsten Max Emanuel getreten; keine Rede von Glaubenskonflikt und Flucht und der Not des Neubeginns. In München bewährte er sich bald als Hofbaumeister. Sein Stil war üppigstes Rokoko, verspielt, lebensfroh und sehr französisch. Für Wilhelm VIII. von Hessen-Kassel (1682–1760), Sohn des Landgrafen Karl, muss es der Inbegriff fürstlichen Vergnügens gewesen sein. Er sicherte sich Cuvilliés Dienste für Schloss Wilhelmsthal bei Calden, am südlichen Ende des Reinhardswalds: eine Sommerresidenz in aller Eleganz und Pracht, 30 Jahre vor dem Sturm auf die Bastille.

Wasserspiele, eine reich dekorierte Grotte und goldene Putti im Park, im Schloss selbst eine Galerie schöner Damen der höfischen Gesellschaft, Porzellan aus China und Meißen, erlesene Möbel und Gemälde – mit dem Lustschloss kommt ein Stück Süden in den protestantischen Norden. Doch Vorsicht: Der scheinbar

Während einer Festveranstaltung im Hugenottenmuseum in Bad Karlshafen wird der Schulunterricht von früher in Kostümen nachgespielt (▸ S. 79).

uralte Wartturm ist ein Werk des Kasseler Hofbaumeisters Simon du Ry. Er entstand um 1800, eines der jüngeren Attribute des Ensembles. Sehnsucht nach den alten Zeiten …
Dabei liegen die überall hier zutage: im alten Städtchen Immenhausen, das sich als Schauplatz für das Märchen »Hans im Glück« anbietet, in Lippoldsberg und Helmarshausen, in Gottsbüren oder Grebenstein, dem nordhessischen Rothenburg, mit seiner eindrucksvollen Burgruine und den trutzigen Türmen. Im Jungfernturm wurde einst Bartholomäus Riseberg (1492–1566) gefangen gehalten, einer der frühen Anhänger der Lehren von Martin Luther. Die Reformation in Hessen ließ sich aber auch damit nicht aufhalten.
Zur Burg Grebenstein hinauf führt ein Weg, an dem der Künstler Nik Barlo steinerne Ruhebänke aufgestellt hat. Es ist der »Denklehrpfad«, und während der Wanderer rastet, kann er nachdenken über die philosophischen Weisheiten, die in die Bänke gemeißelt sind. Augustinus etwa: »Zeiten sind drei: gegenwärtiges Gewahrsein des Vergangenen, des Jetzigen, des Künftigen.«

MUSEEN

Deutsches Hugenotten-Museum

Eine exzellente Ausstellung zur Geschichte der Hugenotten in Hessen, Frankreich und ganz Deutschland. Ein Museumspfad führt als Stadtrundgang vom Museum zum Hugenottenturm, eine 90 km lange Museumsrallye zu den Hugenotten- und Waldenserorten im ganzen Kirchenkreis Hofgeismar.
Hafenplatz 9 a, 34385 Bad Karlshafen • www.hugenottenmuseum.de • Tel. 0 56 72/14 10 • März–Okt. Di–Fr 10–17, Sa/So und feiertags 11–18, Nov.–Dez. Sa/So 14–17 Uhr

Glasmuseum ▸ D1

Geschichtliches und aktuelles rund um das Thema Glas.
Am Bahnhof 3, 34376 Immenhausen • Tel. 0 56 73/91 14 29 • www.immenhausen.de • Di–Do 10–17, Fr–So 13–17 Uhr

EINKEHREN

Hotel Restaurant Hessischer Hof

Im historischen Gebäude direkt an Rathaus und Hafenbecken.
Carlstr. 13 und 15, 34385 Bad Karlshafen • Tel. 0 56 72/10 59 • www.hess-hof.de

Hotel Restaurant Zum Weserdampfschiff

Mit idyllischem Biergarten und Terrassenrestaurant direkt am Wasser.
Weserstr. 25, 34385 Bad Karlshafen • Tel. 0 56 72/24 25 • www.weserdampfschiff.de • Restaurant März–Okt. tgl. außer Mo

Jugendherberge Helmarshausen

Gottsbürener Str. 15, 34385 Bad Karlshafen • Tel. 0 56 72/10 27 • E-Mail: helmarshausen@djh-hessen.de

SPORT UND FREIZEIT

Weser-Therme

Kurpromenade 1, 34385 Bad Karlshafen • Tel. 0 56 72/9 21 10 • www.weserTherme.de • tgl. 9–22, Fr/Sa bis 23 Uhr

SERVICE

AUSKUNFT

Kur- und Touristik-Information Bad Karlshafen

Hafenplatz 8 (Rathaus), 34385 Bad Karlshafen • Tel. 0 56 72/99 99 22 • www.bad-karlshafen.de

TOUR 5

Bergstraße und Odenwald

Unzählige Legenden umranken das hügelige Bergland in Hessens Süden. Hinweise auf Siegfried und die Nibelungen sind ebenso zu finden wie ein reiches karolingisches Erbe.

◂ Geheimnisvoller Schauplatz einer wichtigen Episode aus dem Nibelungenlied – der Odenwald (▸ S. 81).

Sagen sind Heimat, und Märchen sind Welt. Sagen verknüpfen einen Mythos mit einem realen Ort oder Geschehen, Märchen existieren in einer anderen Dimension: Sie bezeichnen eine Urangst, eine Sehnsucht, eine Moral oder ein Muster aus den Urgründen der Psychologie. Deshalb ist jeder Wald auch ein Märchenwald. Und nur ein Narr käme auf die Idee, im Dornröschenschloss zu fragen, wie es denn wirklich gewesen sei.
Mit den Sagen verhält es sich ein bisschen anders. Die Brüder Grimm haben in dieser Hinsicht sehr sorgfältig unterschieden: »Die Märchen also sind teils durch ihre äußere Verbreitung, teils ihr inneres Wesen dazu bestimmt, den reinen Gedanken einer kindlichen Weltbetrachtung zu fassen«, so schreiben sie im Vorwort ihrer 1816 erschienenen Sammlung deutscher Sagen. »Sie nähren unmittelbar, wie die Milch, mild und lieblich, oder der Honig, süß und sättigend, ohne irdische Schwere; dahingegen die Sagen schon zu einer stärkeren Speise dienen, eine einfachere, aber desto entschiedenere Farbe tragen und mehr Ernst und Nachdenken fordern.«

Sagenumwobenes Land

Solche Speise, kraftvoll, reell und bisweilen deftig gewürzt, ist im hessischen Süden zu finden, im Odenwald: im Felsenmeer und auf dem Nibelungensteig, in den düsteren Mauern von Burg Rodenstein und an den Hängen des Melibokus, in der Königshalle der Abtei zu Lorsch und ihrer kaum fassbar tiefen Geschichte und in den noch viel älteren Wällen und Kastellen des Limes aus der Zeit des Römischen Reiches, die oft nur noch zu erahnen sind: verschüttet, überwuchert, abgetragen – und doch immer noch eine Grenze zwischen Epochen und Imperien.

Nibelungen- und Siegfriedstraße ▸ B/C6

Die Nibelungenstraße führt quer durch die Region Bergstraße-Odenwald: von Worms ausgehend über Lorsch, Bensheim, Lautertal, weiter nach Lindenfels, Reichelsheim und Michelstadt, nach Erbach, Miltenberg und schließlich bis Würzburg.
Die Siegfriedstraße fügt weitere Schauplätze des »Nibelungenlieds« hinzu: Heppenheim und das hessische Fürth, Grasellenbach, Mossautal und Beerfelden bis Hesseneck und Amorbach und schließlich Wertheim. Die Burgenstraße streift das Terrain im Süden an der idyllisch am Fluss gelegenen Vierburgenstadt Neckarsteinach und dem ebenso sehenswerten Hirschhorn und führt weiter, Richtung Osten, zum badischen Eberbach und der Burg Zwingenberg am Neckar.
Nibelungen- und Siegfriedstraße beginnen in Worms am Rhein. In Lorsch teilen sie sich in eine südliche und eine nördliche Route und enden beide im baden-württembergischen Wertheim. Sagenhafte Schauplätze und Bilderbuchpanoramen gibt es natürlich auf beiden Wegen.

SERVICE

AUSKUNFT

Odenwald Tourismus GmbH ▸ C6

Marktplatz 1, 64720 Michelstadt • Tel. 0 60 61/96 59 70 • www.odenwald.de

Tourismus Service Bergstraße e.V. ▸ B6

Großer Markt 9, 64646 Heppenheim • Tel. 0 62 52/13 11 70 • www.diebergstrasse.de

Arbeitsgemeinschaft Nibelungen-Siegfried-Straße ▸ B6

Kur- und Touristikservice, Burgstr. 37, 64678 Lindenfels • Tel. 0 62 55/ 3 06 44 • www.nibelungen-siegfried strasse.de, www.alemannenweg.de

Wanderwege & Ferienstraßen

Der **Alemannenweg** führt als geschlossener Rundwanderweg über 132 km durch die Region zwischen Auerbach, Burg Frankenstein, Veste Otzberg und Michelstadt.

Und auf dem **Nibelungensteig** quer durch den Odenwald lassen sich die Schauplätze des mittelalterlichen Heldenlieds erwandern, dem Wilhelm Grimm gleich zwei wissenschaftliche Abhandlungen gewidmet hat: ein geschichts- und mythensattes Land, steile Anstiege, weite Panoramen, steinige und schweißtreibende Wege. Durch das Dämmerlicht einsamer Wälder, hoch hinauf auf stolze Burgen und wieder hinab in alte Städte, 124 km von Zwingenberg an der Bergstraße bis Freudenberg am Main.

Auch die **Deutsche Fachwerkstraße** führt durch das Gebiet; Städtchen wie Erbach und Reichelsheim präsentieren sich im Charme und im Stolz einer jahrhundertealten Bautradition. Und von der mächtigen Anlage der Burg Breuberg bis zur Ruine von Schloss Auerbach, die Ruinen Lindenfels und Burg Wildenberg, auf der Wolfram von Eschenbach seinen Heldenepos »Parzival« verfasst hat, die Starkenburg bei Heppenheim und Burg Frankenstein mit ihrem weiten Blick über die Rheinebene, die hoch aufragenden Mauern von Schloss Lichtenberg und die sagenumwobene Ruine von Burg Schnellerts, deren Mauerstümpfe ausgegraben werden mussten, so furchtbar war die Zerstörung durch Kampf und Zeit – überall sicherten Bollwerke und Bastionen die Macht ihrer Herren, kämpften bewaffnete Heere und stolze Ritter, und überall erhoben sich Türme und Zinnen zur Wacht über das Land.

Drachen und Drachentöter

Sagenland. Auf Lindenfels haben Drachen gehaust; ein eigenes Museum erinnert an den alten Mythos. Im Siegfriedsbrunnen bei Grasellenbach soll Siegfried, der blonde Drachentöter, der deutscheste aller deutschen Helden hinterrücks ermordet worden sein. Nur Mauerreste sind geblieben von der winzigen Kapelle St.-Maria-in-Lichtenklingen bei Wald-Michelbach, doch wird von einer Marienstatue berichtet, die auf unerklärliche Weise immer wieder an diesen Ort heimgekehrt sei.

Und in Schloss Lichtenberg erzählt man sich, dass eine weiße Frau nächtens aus dem Keller steigt und durch die massiven Wände schreitet, als wären sie Luft. Heute hat das Renaissanceschloss hoch über der Stadt natürlich eine eigene Homepage. Sogar ein Foto der geheimnisvollen Erscheinung ist dort zu sehen, wenn auch geisterhaft verschwommen.

MUSEEN

Deutsches Drachenmuseum e.V.

In der Stadt 2, 64678 Lindenfels • Tel. 0 62 55/40 71 • www.deutsches-drachenmuseum.de • Sa/So und feiertags 14–18 Uhr und nach Vereinbarung • Infos gibt's auch beim Kur- und Touristikservice, Burgstr. 37, 64678 Lindenfels • Tel. 0 62 55/3 06 44

Museum Schloss Lichtenberg ▸ B6

64405 Fischbachtal-Lichtenberg • Tel. 0 61 66/4 04 • www.schloss-lichtenberg.de • April–Okt. Mi, Fr 15–18, Sa/So 11–18 Uhr oder nach Vereinbarung

Hexen und Halloween

Auf Burg Breuberg triezten sie einen alten Eber, bis er schrie, als gäbe es dort noch viele Schweine. Die Recken von der Veste Otzberg, die vor den Mauern ausharrten, fielen auf den faulen Zauber herein, gaben die Belagerung auf und zogen von dannen. In Burg Frankenstein soll Ritter Georg einen Drachen besiegt haben. Hexen tanzten zur Walpurgisnacht in der Nähe auf dem Ilbes-Berg – seither sind die Felsen dort magnetisch. Die Kräfte kann heute noch erspüren, wer mit einem Kompass in der Hand auf den Berg steigt und die Nadel tanzen sieht – statt Hexentanz jedoch haben in der Nähe stationierte Soldaten der US-Armee auf Frankenstein die alljährliche Feier zu Halloween eingeführt, eine Art Geisterbahn im Party-Format.

Das gruftige Spektakel geht zurück auf den hier geborenen Arzt und Alchemisten Johann Konrad Dippel (1673–1734), der eigentlich Silber und Quecksilber in Gold verwandeln wollte, dann aber als fanatischer Anhänger des Glaubens an die Wiedergeburt begann, mit Leichen zu experimentieren, um aus ihnen ein »Elixir vitae« zu destillieren.

Hat Jacob Grimm Wind bekommen von der grausigen Geschichte? Gab es einen Briefwechsel zwischen ihm und der englischen Schriftstellerin Mary Jane Clairmont? Was erzählte sie ihrer Kollegin Mary Shelley, die

Keine Spur von Geheimnissen – liebliche Odenwälder Felder- und Hügellandschaft im hellen Sommerlicht. (▸ S. 82).

Burgruine Frankenstein (▸ S. 84) – Namensgeberin der berühmten Schauergeschichte von Mary Shelley.

später den Roman »Frankenstein« schrieb? Schaute die, neugierig geworden, auf einer Rheinreise auf der Burg Frankenstein vorbei? War also der mysteriöse Dippel Vorbild für den monströsen Wissenschaftler? Zweifel sind angebracht, aber die Fama ist in der Welt. Das Reich der Legenden ist groß, und vor allem: Seine Grenzen sind unklar und verschwommen. Es heißt, immerhin, der von Geheimnis umwehte Forscher habe das Pigment für die Farbe »Preußischblau« erfunden.

SEHENSWERTES

Burg Frankenstein ▸ B6

Restaurant mit weitem Blick und Panoramaterrasse. An Halloween wird die Burgruine zum Schauplatz eines schaurigen Treibens. Frankenstein-Freunde aus aller Welt geben sich dazu ein Stelldichein (www.frankenstein-halloween.de).

64367 Mühltal • Tel. 0 61 51/50 15 01 • www.burg-frankenstein.de • März–Dez. Di–So 11–21 Uhr (im Sommer auch länger), Jan.–Feb. Sa/So und feiertags 11–19 Uhr

Riesen und nächtliche Jagden

Immer mussten Sagen und Mythen erklären, was anders nicht zu begreifen war. Sie setzen ein Staunen voraus. Und Stoff zum Staunen – den gibt es hier! Das Felsenmeer im Lautertal etwa entstand, weil zwei Riesen auf dem Felsberg und dem Hohenstein mit Felsen kegeln wollten. Dann gerieten sie über dem Spiel in Streit und warfen mit gewaltigen Brocken aufeinander, bis das ganze Tal damit bedeckt war.

In einem Gewölbe unter dem Auerbacher Schloss sollen zwölf unheimliche Männer ihren Schatz hüten; unter einer Brücke in der Nähe, so berichten auch die Brüder Grimm,

war bisweilen ein rätselhaftes Niesen zu hören, ohne dass eine Menschenseele zu sehen gewesen wäre. Ein selten dämlicher Bauernjunge aus der Gegend soll davongerannt sein, als eine wunderschöne Frau wie aus dem Boden gewachsen vor ihm stand und ihm Geld und einiges mehr bot, wenn er sie nur von ihrem Fluch erlöse. Und irgendwo in den geborstenen Mauern von Burg Schnellerts schläft der Herr von Rodenstein einen unruhigen Schlaf, denn er soll verurteilt sein, bis in alle Ewigkeit bei Kriegsgefahr mit seinem wilden Heer durch die Lüfte zu seiner Burg eilen zu müssen.
Einst hatte er dort seine Frau in ihren Wehen zurückgelassen, um ruhmreich in den Kampf zu ziehen. Die Frau starb. Und wirklich wollen Bauern der Gegend um Fränkisch-Crumbach die unheimliche Jagd über nächtlichen Himmel schon gehört haben. 1914 etwa, auch 1939 …
Nur den Studenten fehlt es wieder mal am gebotenen Respekt: Sitzen in ihren Kneipen und johlen das Lied vom Rodensteiner, dem kein Wirt seinen Wein geben wollte, bis er tot vom Pferd sank: »Doch wem der letzte Schoppen fehlt, den duld't kein Erdreich nicht. Drum tobt er jetzt, vom Durst gequält, als Geist umher und spricht: Raus da, raus aus dem Haus da! Herr Wirt, dass Gott mir helf, gibt's nirgend mehr 'nen Tropfen Wein, des Nachts um halber zwölf, des Nachts um halber zwölf?«

FESTE UND EVENTS

Reichelsheimer Märchen- und Sagentage

Seit 1995 werden alljährlich am letzten Oktoberwochenende die Reichelsheimer Märchen- und Sagentage mit Märchenmarkt abgehalten, wobei auch der Wildweibchenpreis vergeben wird. Zu den illustren Preisträgern zählen der Brüder-Grimm-Experte Heinz Rölleke genauso wie die Bestsellerautorin Cornelia Funke.
www.maerchentage.com

EINKEHREN

Gasthaus zur Freiheit ▸ B6

In den Sommermonaten ist die Freiheits-Terrasse, im Winter der Kamin ein wunderbares Wanderziel, beispielsweise von der Burgruine Rodenstein aus. Inhaber Jürgen Katzenmeier keltert Wein aus den Äpfeln, die im hauseigenen Garten reifen, und fertigt feine Essige, die man in seinem Freiheits-Laden erwerben kann. Die Odenwälder Spezialitäten auf der Karte des Gasthauses sind ebenfalls wärmstens zu empfehlen.
Freiheitsstr. 20, 64385 Reichelsheim • Tel. 0 61 64/10 32 • www.zurfreiheit.de, www.freiheits-laden.de • tgl. ab 11, Nov.–März Mi–So ab 11 Uhr

Landgasthof und Pension Hofgut Rodenstein ▸ B/C6

Unterhalb der einsam gelegenen Burgruine Rodenstein werden Kaffee und Kuchen und feine Speisen serviert.
An der Burgruine, 64407 Fränkisch-Crumbach • Tel. 0 61 64/10 87 • www.hofgut-rodenstein.de • Fr, Sa/So 11–19, im Sommer auch Do ab 15 Uhr

Die Odenwald-Gasthäuser

Unter dem Motto »Sagenhaft – Natürlich aus der Region« haben sich familiengeführte Traditionslokale im Odenwald zusammengetan, um regionale, frische Erzeugnisse und heimische Spezialitäten zu fördern. Alle Restaurants finden Sie unter www.odenwald-gasthaus.de.

In Reichelsheim laden diese beiden Mitglieder zum Schlemmen ein:

Treuschs Schwanen und Johanns-Stube ▸ B6

Die Johanns-Stube ist das Odenwald-Gasthaus der Familie Treusch, in dem überwiegend regionale Spezialitäten angeboten werden. Regelmäßige Apfelweinproben und Odenwaldbuffets mit Ebbelwoi-Hinkelsche, Himmel un' Erd', Apfelweinbraten oder Lachsforelle in Apfel-Senf-Soße. Im eleganteren »Schwanen«, der unter der Woche nur abends geöffnet hat, schmeckt ein »Gefrorener Rodensteiner« vorzüglich zum Dessert.

Rathausplatz 2, 64385 Reichelsheim • Tel. 0 61 64/22 26 • www.treuschs-schwanen.com • tgl. 11.30–14, 18–23 Uhr

Odenwald-Gasthaus Zum Schützenhof

Das Traditionshaus mit Freiterrasse hat schon zu grimmschen Zeiten Durchreisende versorgt und bietet heute eine junge Erlebnisküche, natürlich nur aus Zutaten der Region: Wild und Forellen, Käse der Molkerei Hüttenthal, Milcheis und Sorbet vom Bauernhof Rettig in Lautertal-Breitenwiesen (inklusive der Sorten »Siegfried« und »Kriemhild«).

Kriemhildstr. 73, 64385 Reichelsheim-Gumpen • Tel. 0 61 64/22 60 • www.schuetzenhof-bertsch.de • Mi–Mo 11.30–14.30, 17.30–21.30 Uhr

Kloster Lorsch ▸ B6

Ein Ort wie das Kloster Lorsch wäre geeignet, auch die respektlosesten Krakeeler zur Besinnung zu bringen. So tief reicht hier die Geschichte, so fern sind die Zeiten, als der fränkische Graf Cancor und seine Mutter Williswinda ihr Gut Lauresham im Jahr 763 dem Bischof Chrodegang von Metz mit dem Auftrag übergaben, ein Kloster zu bauen. Im Folgejahr wurde die Urkunde ausgefertigt, Benediktinermönche brachten als Geschenk von Papst Paul I. die Reliquien des römischen Soldaten Nazarius, der 304 den Märtyrertod fand. Zehn Jahre später, 774, wurde die neu gegründete Abtei durch Erzbischof Lullus von Mainz, Schüler und Nachfolger des heiligen Bonifatius, geweiht. Als Gäste zugegen: die Bischöfe von Passau, Würzburg, Trier und Metz, von denen einige selbst gern Macht über das Kloster gehabt hätten. Und der junge Karolingerkönig Karl, später der Große genannt. Karl stellte Lorsch unter seinen persönlichen Schutz. Und die reichsfreie Fürstabtei blühte auf, wurde mächtig und wohlhabend. Die Abtei Heppenheim kam hinzu, weitere Güter von Gent bis ins Elsass, von Gorze bei Metz bis zum östliches Limes – die Mönche von Lorsch konnten, so notiert ein stolzer Chronist, »durch das ganze Reich reisen, ohne eine Nacht auf fremdem Grund verbringen zu müssen«.

Vor allem aber geistig gewann das Kloster an Einfluss. Lorsch entwickelte sich zu einem intellektuellen Zentrum des hohen Mittelalters: Im Skriptorium entstanden kostbare Handschriften, das berühmte Lorscher Evangeliar war der Schatz der Bibliothek. Auch Gesetzestexte und Schriften zu Medizin und Geschichte wurden bewahrt, studiert und diskutiert. Die von Karl dem Großen vehement vorangetriebene und bis heute bewunderte Bildungsreform im Fränkischen Reich, bisweilen auch irreführend bezeichnet als »ka-

Die karolingische Torhalle des Klosters Lorsch gehört zum Weltkulturerbe der UNESCO (▸ S. 86).

rolingische Renaissance« – die Abtei in Lorsch war eines ihrer Epizentren. Ein Machtfaktor. Bollwerk und Brückenkopf, Ausgangspunkt zahlreicher Neugründungen, ausgestattet mit hoher Gerichtsbarkeit, Münz- und Marktrecht und der Freiheit, selbst den Abt zu wählen. Als König Heinrich IV. die Abtei 1066 seinem Lehrer Adalbert, dem Erzbischof von Bremen und Hamburg, schenken wollte, erschien Abt Udalrich mit einer Gefolgschaft von 1200 bewaffneten Reitern auf dem Reichstag von Trebur (nahe dem heutigen Groß-Gerau). Der Kirchenmann obsiegte, der König ließ sich umstimmen. Elf Jahre später, 1077, der Papst hatte den Bann über ihn ausgesprochen, musste Heinrich seinen erniedrigenden Gang nach Canossa antreten.

Jahrhunderte des Verfalls

Aber das ist eine andere Geschichte. Das Kloster Lorsch erlebte nach seinem Machtgipfel einen schmerzvollen, lang hingezogenen Niedergang. Es wurde von Bränden heimgesucht und unter fremde Herrschaft gestellt, geteilt, verpfändet, verlassen, im Dreißigjährigen Krieg von spanischen Truppen zerstört, seit dem 18. Jh. als Steinbruch genutzt. Noch 1849 wurde das große Westtor der einst riesigen, mit einer Mauer eingefriedeten Anlage einfach abgerissen. Die Bibliothek wurde aufgelöst, die Schriften kamen in andere Obhut. Vieles wurde beiseitegeschafft, das berühmte Evangeliar sogar zerstückelt; heute befinden sich seine Teile im Londoner Viktoria & Albert Museum, im Vatikan und im rumänischen Alba Julia, dem früheren Karlsburg. Der Prestel-Verlag hat das Werk 1967 als Faksimile veröffentlicht; die Auflage ist vergriffen und nur noch antiquarisch zu erobern.

Die berühmte Königshalle

Was blieb, ist dennoch wert, seit 1991 als Weltkulturerbe der UNESCO geschützt zu werden. »Es ist«, jubelte ein Betrachter, »als seien die Künste der Römer wie der Griechen, der Syrer wie der Angelsachsen, der Westgoten wie der Iren zusammengekommen, um sich in einem welthistorischen Format zu treffen.«
Gemeint ist vor allem die vollständig erhaltene Königshalle, deren Zweck sich heute nicht mehr eindeutig bestimmen lässt. Vielleicht war er aber auch gar nicht eindeutig: Portal und Empfangshalle für den Kaiser, Triumphbogen, Gerichtslaube, Bibliothek, liturgischer Raum – die Halle war womöglich alles zugleich. Und ist in jedem Fall eine der bedeutendsten erhaltenen Schöpfungen der karolingischen Architektur. Die mit den Resten der Klostermauern, der Zehntscheune und der Basilika 35 000 qm umfassende Anlage, Grablege karolingischer Kaiser wie Ludwigs des Deutschen (um 806–876) und seiner Familie, ist immer noch ein Forschungsfeld, und viele Spuren aus der Vergangenheit warten noch darauf, entdeckt, freigelegt und wissenschaftlich eingeordnet zu werden. Das angegliederte Museumszentrum bietet Einblicke in die Geschichte des Klosters und das Leben im Mittelalter, »Geschichte zum Anfassen« auch für jüngere Besucher. Im Klostergarten wachsen wieder die Kräuter, deren Heilkräfte die Mönche einst im »Lorscher Arzneibuch« beschrieben haben, schnatternde Gänse bewachen das Terrain wie im alten Rom.

Siegfrieds Grablege?

Der Rest ist Mythos, These, Gegenstand naturwissenschaftlicher und philologischer Forschung. Archäologen, Mediävisten, Sprachforscher, Kunst- und Architekturhistoriker arbeiten dabei Hand in Hand. Wurde wirklich der sagenhafte Siegfried in jenem überlangen Sarkophag beigesetzt, der heute auf dem Boden der geborstenen Basilika steht? So wird es überliefert: »Zu Lorsch im hohen Münster / berühmt von Land zu Land / in einem langen Sarge / er seine Ruhe fand.« Der Verfasser des Nibelungenlieds ist unbekannt geblieben, doch möglicherweise war es Sigehard von Schauenburg, Abt des Klosters von 1167 bis 1198, der das Epos in der Hohenems-lassbergischen Handschrift überlieferte: »Uns ist in alten Maeren / wunders vil geseit / von heleden lobebaeren / von grozer arebeit…« Über diese lange verschollene, heute in der Badischen Landesbibliothek Karlsruhe aufbewahrte, sogenannte Version C des großen Heldenlieds sagt der Heidelberger Germanist Lothar Voetz: »Mit der Auffindung dieser Handschrift im Jahre 1755 reißt die an Höhen und Tiefen überreiche neuzeitliche Rezeption des Nibelungenliedes bis zum heutigen Tag nicht mehr ab.«

SEHENSWERTES

Karolingische Königshalle

Seit 1991 UNESCO-Weltkulturerbe. Hier ist nicht nur alles über das ehemalige Kloster, sondern auch über volkskundliche Aspekte der Region, etwa den Tabakanbau und seine Verarbeitung, zu erfahren.

Museumszentrum Lorsch, Nibelungenstr. 35, 64653 Lorsch • Tel. 0 62 51/ 10 38 20 • www.lorsch.de, www.kloster-lorsch.de • Di–So 10–17 Uhr

Der Nibelungensteig

Die Schauplätze des berühmten Liedes liegen vor der Tür. Durch den Nibelungensteig sind sie verknüpft wie auf einer Perlenkette: historische Stätten und eine Landschaft, deren Geheimnis die Fantasie der Menschen beflügelt haben mag, darin das Wirken von Geistern und Kobolden, Riesen und unsterblichen Helden zu erkennen. **Zwingenberg** an der Bergstraße verdankt seinen frühen Wohlstand der Tatsache, dass zwischen sumpfigem Gelände auf der einen und den Hängen des Melibokus auf der anderen Seite kein anderer Durchgang für Reisende möglich war als der durch die Stadt – die deshalb reich wurde und noch heute ein Schmuckkästchen ist. Hoch über Auerbach, seit der Gebietsreform ein Stadtteil von **Bensheim**, wacht seit 800 Jahren das von Graf Diether IV. von Katzenelnbogen erbaute Schloss auf dem Auerberg. Seit 300 Jahren wächst auf der geborstenen Mauer eine Kiefer, deren Zähigkeit kaum zu glauben ist. Und in **Lautertal** öffnet sich das Felsenmeer – aber das ist mehr als ein kleines Wunder!

Der Nibelungensteig führt einmal quer durch den Odenwald und drei Bundesländer, Hessen, Baden-Württemberg und Bayern, hindurch: auf 124 km und sportlichen 4000 Höhenmetern. Natürlich werden auch genussvolle Etappenwanderungen als Pauschalen angeboten. Beim Planen hilft: www.nibelungensteig.info.

2010 wurde der Nibelungensteig, der mit einem roten N auf weißem Grund markiert ist, vom Deutschen Wanderverband mit dem Prädikat »Qualitätsweg Wanderbares Deutschland« ausgezeichnet.

EINKEHREN

Gasthaus zur Schmelz ▸ C6

Einkehr am Nibelungensteig: Auf der Streuobstwiese bereiten die Wirtsleute Wanderern gern ein Picknick unter Apfelbäumen.

Obere Siegfriedstr. 20, 64756 Mossautal-Hüttenthal • Tel. 0 60 62/37 24 • www.gasthaus-zur-schmelz.de • Di–Fr 11–14, 17–21, Sa/So 11–21 Uhr

EINKAUFEN

Original Odenwälder Hausmacher-Wurst (z. B. Leberwurst vom Bunten Bentheimer Hausschwein mit Schokolade und Chili), Landnudeln, Obstbrände, Liköre und Schokolade gehen im **Güttersbacher Dorflädchen** über die Theke.

Molkereilädchen der Molkerei Hüttenthal

Die einzige Privatmolkerei Hessens mit Milchgarten, Ziegenbrunnen und Spielplatz liegt direkt an der

Siegfriedstraße und bietet Milch- und Käseprodukte für Feinschmecker.
Molkereiweg 1, 64756 Mossautal-Hüttenthal • Tel. 06062/266 50 • www.molkerei-huettenthal.de • Mo–Fr 8–18, Sa 8–14 Uhr

Lindenfels und Heppenheim

Burg Lindenfels oberhalb des Dorfes Schlierbach gehörte zum Besitz des Klosters Lorsch, wie auch die Starkenburg bei Heppenheim einst zum Schutz der Abtei errichtet wurde. Beide verfielen und sind heute nur noch pittoreske Ruinen einer stolzen Vergangenheit – doch wurde die Starkenburg zu einer spektakulär gelegenen Jugendherberge ausgebaut.
Wer unten im Städtchen mit seinem beeindruckenden Dom St. Peter über den von Fachwerk eingefassten Heppenheimer Marktplatz schlendert, vielleicht an einem der Tische in der Nähe des Marienbrunnens Platz nimmt, um bei einem Wein von der Hessischen Bergstraße die Idylle des Ortes zu genießen – der hat keine Ahnung, was hier los ist, wenn Sebastian Vettel, Weltmeister der Formel 1 und prominentester Sohn der Stadt, wieder mal im Triumph heimkehrt und den soundsovielten Pokal im Arm hält. Dann tobt die Stadt.
Auf Burg Lindenfels dagegen ist das Spektakel zur regelmäßigen Inszenierung geworden. Gegeben wird hier Mittelalter: Ritterspiele, Handwerkermarkt, Mummenschanz, ein bisschen Esoterik darf untergezogen werden – als Anlass für lärmige und bunte Lebensfreude ist die Epoche der Gaukler, Handleser, Feuerspeier und Quacksalber sehr angesagt. Und wenn die alten Mauern des Abends noch farbig illuminiert werden, dann erstrahlt die Ruine wie ein glühendes Juwel aus den Zeiten der Burgfräulein und Ritter.

Anders als der Name nahelegt, erscheint das Felsenmeer oberhalb von Lautertal-Reichenbach im Odenwald beinahe wie ein Fluss aus Gestein (► S. 91).

Felsenmeer und Geo-Naturpark

▸ B6

Es lässt sich alles erklären, zumindest nach dem heutigen Erkenntnisstand: Demnach stießen vor rund 500 Mio. Jahren Urkontinente mit knirschender, mahlender Wucht aneinander, Gesteinsschichten schoben sich über Landplatten, wurden hinabgedrückt ins Magma oder quollen von dort an die Oberfläche hervor. Das Gestein aus glutheißer Tiefe, Quarzdiorit, kühlte ab (allein dieser Vorgang dauerte 10 Mio. Jahre!), schrumpfte, barst und riss, die Eiszeiten taten ein Übriges. Das Felsenmeer in Lautertal ist ein Ort, an dem sich die Erde gewissermaßen bei ihrer Entstehung zuschauen lässt, ein steinernes Meer von Brocken jeglicher Größe, scheinbar ungestüm hingeschleudert, mühsam zu überwinden. Ach ja: Festes Schuhwerk wird empfohlen.

Viel farbiger aber ist es, und in Abwesenheit jüngster Befunde der geologischen Forschung muss es auch viel überzeugender gewesen sein, die ungewöhnliche Naturformation als Werk mächtiger und unheimlicher Wesen zu erklären. Solch ein Naturspektakel, so mögen sie in alten Zeiten angenommen haben, kann einfach nicht auf natürliche Weise gewachsen sein: Hier müssen Riesen sich ausgetobt haben!

Und dann kamen die Römer hinzu, die im Odenwald einen – im Wortsinn – gigantischen Steinbruch vorfanden, eine Art Selbstbedienungsmarkt für Baumaterialien, in dem sie die Steine nicht einmal mehr brechen mussten. Also schlugen sie gleich am Ort Säulen und Kapitelle aus den herumliegenden Felsbrocken; am Heidelberger Schloss sind Beispiele zu finden. Doch vieles blieb liegen, angefangen, halbfertig, Ausschuss aus einer Werkstatt inmitten der Natur, weil die Risse sich auch im Gestein fortsetzten. »Sarg« und »Schiff« heißen die zurückgelassenen Bruchstücke heute, es gibt eine »Pyramide« und einen »Altarstein«.

Das spektakulärste und zugleich rätselhafteste Werk der Steinmetzen aus römischer Zeit aber ist die Riesensäule: über 9 m lang, 27 t schwer und perfekt behauen. Wahrscheinlich zu gewaltig, um sie heil an einen anderen Ort zu transportieren. Vor dem Dom von Trier liegt ein Abschnitt dieser Säule, der geheimnisvolle »Domstein«, ein gewaltiger Trumm, glatt und dunkel. Seine Herkunft ist ungeklärt. Es heißt, der Teufel selbst habe ihn im Zorn vor die Kathedrale geschleudert. Land der Sagen …

SEHENSWERTES

Felsenmeer Informationszentrum

Es werden Führungen mit der Felsenmeerhexe oder dem Kobold Kieselbart veranstaltet, dazu Rallye und Schatzsuche für Schulklassen und Kindergeburtstage, Café-Bistro und Biergarten Koboldklause im Infozentrum, Kiosk an der Riesensäule.
Seifenwiesenweg 59, 64686 Lautertal • Tel. 06254/940160 • www.felsenmeer-informationszentrum.de

Mit der Natur im Einklang

Der Odenwald und die Bergstraße sind seit 2004 Geo-Naturpark, wobei das »Geo« für Geologie steht, für die reichen Zeugnisse der Erdgeschichte, die in der Region zutage liegen und ihren Charakter prägen. Etwa das Felsenmeer. »Natur« besagt: intakte Landschaft, nicht immer spektakulär wie ein Hochgebirge, aber immer stolz und mit entsprechendem Bewusstsein geschützt und bewahrt, harmonisch gewachsen und vielfältig in ihren Formen und den Arten, die sie bewohnen. »Kultur« sollte als Drittes danebenstehen, denn der Geo-Naturpark – über die UNESCO international mit anderen Parks vernetzt – ist keine Wildnis, sondern belebtes, bewohntes und seit alten Zeiten von Menschen genutztes Land.

Das Heppenheimer Fachwerkrathaus aus der Renaissance (▸ S. 90).

Den Unterschied macht das Wissen, dass Mensch und Natur eine Einheit sind, abhängig voneinander: Nachhaltigkeit im Umgang mit dem Lebensraum ist die erste Maxime, Artenschutz und Erhalt der biologischen Vielfalt, sanfter Tourismus und eine Wirtschaft, die Rücksicht nimmt. Auch das historische Erbe fällt unter diesen Schutz von Milieu und Identität, sei es nun 500 Mio. oder 500 Jahre alt, eine Felsformation, ein ausgedehnter Wald, eine Burg oder die gewachsene Struktur eines alten Städtchens. Wanderwege erschließen die Region, Informationszentren bieten Einblick in die Natur des Landstrichs, und kundige Begleiter erzählen seine Geschichte. Heimatkunde im besten Sinn.

SEHENSWERTES

Geo-Naturpark Bergstraße-Odenwald ▸ B6

Wie Mensch und Natur im Odenwald zusammenwirken, das kann man bei den vielen Veranstaltungen des Geo-Naturparks das ganze Jahr über erleben. Die Bandbreite reicht von Heilkräuterseminaren bis zu Landschaftsführungen und Geo-Genusswanderungen.
Nibelungenstr. 41, 64653 Lorsch • Tel. 06251/707990 • www.geo-naturpark.de

Schauplatz einer Bluttat?

Der Siegfriedsbrunnen bei Grasellenbach ist so ein Ort, an dem Mythos und Natur einander zu kreuzen scheinen. Also war es auch vor allem die sprachliche Analyse des mittelhochdeutschen Textes, seiner Laute, Bezeichnungen und Bedeutungen, die den Geheimen Staatsrat Johann Friedrich Knapp aus Darmstadt im Jahr 1844 auf die Quelle mit dem steinernen Sühnekreuz mitten im Odenwald stoßen ließ: Hier muss der Mord geschehen sein!
Die Legende des Ortes wusste von einer Bluttat in uralten Zeiten zu berichten, Namen aus dem Lied fanden sich in abgewandelter, doch noch erkennbarer Form in der Umgebung wieder – interessant ist, dass die Brüder Grimm bei den Re-

cherchen zu ihrem 1838 begonnenen Wörterbuch der deutschen Sprache in ganz ähnlicher Weise vorgingen: Sie suchten nach Lauten und historischen Beziehungen, um an ihren Schnittpunkten die Bedeutung der Wörter zu ertasten. Interessant ist aber auch, dass mindestens fünf andere Orte die Ehre für sich beanspruchen, Schauplatz des grausigen Mordes gewesen zu sein.

EINKEHREN

Café Bauer ▸ B6

In diesem süßen Einkehrparadies direkt am Nibelungensteig stehen nicht nur 50 Sorten Torten und Kuchen zur Auswahl, auch die Riesenwindbeutel sind sagenhaft.
Im Gassbachtal 1, 64689 Grasellenbach-Hammelbach • Tel. 0 62 53/55 60 • www.cafe-bauer-hammelbach.de • Di–So 10–18 Uhr

Nibelungencafé

Schon zwei Mal zum besten Café Hessens gekürt! Und wer sich nach Drachenbluttorte oder Kriemhilds Früchtetraum nicht mehr bewegen will, der bleibt einfach im Hotel Gassbachtal über Nacht. Und für die Lieben daheim kommen sieben Sorten »Nibelungen-Trüffel« ins Gepäck.
Hammelbacher Str. 16, 64689 Grasellenbach • Tel. 0 62 07/9 40 00 • www.hotel-gassbachtal.de • Di–So 10–19 Uhr

Breuberg ▸ C6

Burg Breuberg hat die Zeiten überstanden, weil sie immerfort genutzt wurde: entstanden im 12. Jh. als Vorposten der Reichsabtei von Fulda, um deren Besitztümer wie das Kloster Höchst zu schützen, seit Ende des 15. Jh. zur Festung ausgebaut und mit Türmen gespickt. Später dann diente sie als Residenz gräflicher und fürstlicher Familien. Viel Wechsel. Und dann? Die gewaltige Anlage bewährte sich mit dem gewohnten Stolz als Landratsamt und als Spielzeugfabrik, in der afrikanische Tiere aus Holz geschnitzt wurden. An die dunkle Zeit von Nationalsozialismus und Krieg erinnern kyrillische Buchstaben, die russische Zwangsarbeiter in den Stein des Bergfrieds ritzten. Heute wird die Burg als Jugendherberge genutzt – viel grandioser

MERIAN-Tipp 5

CAFÉ UND GASTHAUS DORNRÖSCHEN ▸ C6

Ein märchenhafter Einkehrtipp. Hier dreht sich alles um den Apfel: Apfel-Kartoffel-Gratin und Annelsbacher Apfelweintorte stehen einmütig auf der Speisekarte, doch wird auch den Rosen (je nach Saison) gehuldigt. Im September heißt die Spezialität Dornöschens süße Kartoffeltorte mit Vanillesahne und Zwetschgen gefüllt. Der Apfelwein kommt selbst gekeltert aus den Erträgen der hauseigenen Obstwiesen ins Schoppen- oder Champagnerglas, dann als Apfelschaumwein »ApfelPrinzessin«. Zum Übernachten stehen Apfel- und Dornröschenzimmer bereit.
Odenwald-Sterne-Hotel, Annelsbacher Tal 43, 64739 Höchst-Annelsbach • Tel. 0 61 63/24 84 • www.dornroeschen-annelsbach.de • Mitte Feb.–Mitte Nov. tgl. außer Di und Do 9–21, Küche 12–14, Kaffee, Kuchen und Vesper ab 14, Abendessen ab 18 Uhr

lässt sich eine Wanderung oder ein Klassenausflug nicht unterbrechen. Das Kloster der Augustinerinnen in **Höchst** existiert immer noch. Und im nahe gelegenen **Bad König** bilden das Alte und das Neue Schloss das lebendige Zentrum einer Stadt, die sich seit der Entdeckung von sowohl Mineral- als auch Thermalquellen im 19. Jh. gleich doppelt als Kurbad etabliert hat.

SEHENSWERTES

Kloster Höchst

▸ C6

Tagungshaus der evangelischen Kirche und »offen für alle«.
Kirchberg 3, 64739 Höchst im Odenwald • Tel. 0 61 63/9 33-0 • www.kloster-hoechst.de

EINKEHREN

Burgschänke Breuberg

Gutbürgerliche Speisen. Mit großem Biergarten für 120 Personen.
64747 Breuberg • Tel. 0 61 65/ 91 25 59 • www.burgschaenke.de • tgl. ab 10 Uhr

Jugendherberge Burg Breuberg

Ideal für Ritter und Burgfräulein liegt hoch über der Mümling eine der schönsten deutschen Jugendherbergen – und das schon seit 1919!
64747 Breuberg • Tel. 0 61 65/34 03 • www.burgbreuberg.jugendherberge.de

SERVICE

AUSKUNFT

Touristikbüro Breuberg

Ernst-Ludwig-Str. 2–4, 64747 Breuberg • Tel. 0 61 63/70 90 • www.breuberg.de • E-Mail: burgfuehrung@breuberg.de • Offene Burgführungen: Mitte März–Ende Okt. Sa/So 13.30, 14.45, So und feiertags auch 16 Uhr

Michelstadt

▸ C6

In Michelstadt steht das wohl berühmteste Rathaus des Landes, ein Prunkstück mit spitzen Erkertürmchen in Fachwerk, im Jahr 1484 auf Stelzen errichtet über einer offenen Halle. Ein klug ersonnenes Signal der Bauherren: Unten kann ein Markt aufgebaut werden, das städtische Leben macht also nicht halt an den Mauern der Verwaltung.
So bekommt Geschichte ihre Gegenwart: Schloss Fürstenau etwa erzählt schon in seinen Baustilen vom langen Weg durch die Jahrhunderte: von der Romanik der ehemaligen Wasserburg über Gotik, Renaissance und Barock bis zum Klassizismus. Und noch weiter: Heute haben Maler und Bildhauer ihre Ateliers in den Remisen und lassen sich von der dichten Atmosphäre inspirieren. Und manchmal wackeln die alten Steine, wenn sich Ende August Bands hier zum Festival »Rock am Schloss« treffen.

Die gestohlenen Reliquien

Und dann erst die Einhardsbasilika im Stadtteil Steinbach: architektonisches Monument der karolingischen Zeit, für die auch die stolze Königshalle der Abtei in Lorsch steht – seltenes Zeugnis frühmittelalterlicher Gottesfurcht. Zugleich aber erzählt das eindrucksvoll schlichte Bauwerk eine Abenteuergeschichte, die eigentlich nur noch darauf wartet, von Hollywood verfilmt zu werden. Einhard nämlich, Verfasser der »Vita Caroli«, also Biograf Karls des Großen, baute die Basilika 821 bis 827 als künftige Grablege für sich und seine Frau Emma. Um die gemeinsame letzte Ruhe unter machtvollen Schutz zu stellen, schickte er seinen Notar Rathleich nach Rom: Er solle

Das originelle Fachwerkrathaus Michelstadts bildet mit dem Löwenhof und dem Renaissancebrunnen ein besonders schönes Marktplatzensemble (▸ S. 94).

dort Reliquien kaufen, am besten den ganzen Körper eines Heiligen. Es ging immerhin um Beistand für die Ewigkeit. Der Bote aber, der sich von einem Zwischenhändler betrogen sah, entwendete aus der Kirche des heiligen Tiburtius die Gebeine der Märtyrer Petrus und Marcellinus, schmuggelte sie außer Landes, enthüllte seine Beute erst in Solothurn und brachte sie von dort umjubelt und im Triumphzug in den Odenwald. So weit, so gut.

Bald aber plagten Schuldgefühle und böse Träume den Auftraggeber, zudem begannen die Wunden der über 500 Jahre zuvor getöteten Märtyrer erneut zu bluten. Reumütig verließ Einhard den Ort, an dem er Frieden hatte finden wollen, wanderte nordwärts und baute in Seligenstadt am Main ein Kloster mit einer größeren Basilika. Das kleine Gotteshaus im heutigen Michelstadt ließ er zurück, und lange wurde der schlichte Raum nur als Scheune genutzt.

SEHENSWERTES

Englischer Garten Eulbach

Im ehemals gräflichen Jagdgebiet, direkt an der Nibelungenstraße (B 47), sind neben Wildgehegen und einer romantischen Burgruine auch Relikte der Römerzeit zu besichtigen.

64720 Michelstadt • Tel. 0 60 61/ 70 60 42 (Kasse) • tgl. 9–18, im Winter bis 17 Uhr • Gasthaus Forsthaus mit Biergarten • Tel. 0 60 61/ 70 50 21 • Di–So ab 11 Uhr

MUSEEN

Odenwald- und Spielzeug-Museum in der alten Kellerei

Auf vier Etagen in der alten Zehntscheune der Burg geht es durch die Jahrhunderte im Odenwald.

Einhardspforte 3, 64720 Michelstadt • Tel. 0 60 61/70 61 39 • tgl. 10–17 Uhr

EINKEHREN

Café Siefert

Gleich um die Ecke des berühmten Rathauses wirkt ein Weltmeister unter den Konditoren. Über 70 Pralinensorten hat er im Programm. Wer Neues wagen will, der sollte die Hessenpralinen probieren, je nach Gusto mit Grüne-Soße-, Apfelwein- oder Odenwälder Ziegenkäse-Geschmack.

Braunstr. 17, 64720 Michelstadt • Tel. 0 60 61/30 68 • www.cafesiefert.de • Di–Sa 9–18, So 10–18 Uhr

Die Träumerei

Designhotel und Café: Zusammen mit ihrer Schwester hat die Schauspielerin Jessica Schwarz im Stadtkern von Michelstadt ein Fachwerkhaus vor dem Verfall gerettet und liebevoll vier Suiten darin eingerichtet. Auch zu Kaffee und Kuchen darf man vorbeikommen.

Obere Pfarrgasse 3, 64720 Michelstadt • Tel. 0 60 61/70 33 33 • www.die-traeumerei.com

FREIZEIT UND SPORT

Odenwaldtherme ▸ C6

1948 wurde König zum staatlich anerkannten Kurbad gekürt und erst 1980 zur Stadt erhoben.

Elisabethenstr. 13, 64732 Bad König • Tel. 0 60 63/57 85 50 • www.odenwaldtherme.de • Mo–Sa 9–23, So und feiertags 9–22 Uhr

SERVICE

AUSKUNFT

Tourist-Information Michelstadt

Marktplatz 1, 64720 Michelstadt • Tel. 0 60 61/9 79 41 10 • www.michelstadt.de

Erbach ▸ C6

Erbach bildet gemeinsam mit Michelstadt das Zentrum des Odenwalds. Und obwohl sich die Bewohner im November 2007 in einem Bürgerentscheid gegen die Fusion beider Städte ausgesprochen haben, historisch sind sie eine Schatzkammer der Region. In Michelstadt das Rathaus, das Schloss und die Reste römischer Kastelle und Thermen am Odenwald-Limes im Stadtteil Würzberg – in Erbach die Fortsetzung: ein mittelalterlicher Stadtkern am Flüsschen Mümling, das den dicht ans Ufer gedrängten Fachwerkhäusern einen Hauch von Venedig gibt, eine historische Altstadt mit Fachwerk und Kopfsteinpflaster, ein ebenfalls malerisches Rathaus und ein Schloss mit Lustgarten, das auf den Grundmauern einer mittelalterlichen Burg erbaut wurde und heute Erbach barocken Glanz verleiht. Das Leben des Schlossherrn aber böte den Stoff für einen Abenteuerfilm.

Sein Name ist Graf Franz I. zu Erbach-Erbach (1754–1823), und es wäre zurückhaltend formuliert, ihn einen rastlos neugierigen Menschen zu nennen. Der junge Graf ging in die Schweiz, besuchte den französischen Denker Voltaire in dessen Alterssitz Ferney, reiste nach Paris, London, Wien und schließlich nach Italien. Die römischen Siedlungen und Befestigungen im Odenwald weckten sein Interesse; viele seiner Fundstücke aus der Umgebung integrierte etwa der Landschaftsarchitekt Friedrich Ludwig Sckell ab 1802 in den englischen Park des gräflichen Jagdschlosses in Eulbach. Doch mehr als die Spolien aus dem heimischen Limes interessierten den Antikenfreund die Statuen, Vasen, Bronzen, Waffen

und Mosaiken, die er in Rom, Neapel, Herkulaneum und Pompeji zusammentrug und in sein Schloss nach Erbach brachte. Die Sammlung gehört zu den bedeutendsten nördlich der Alpen. Dazu Gemälde, mittelalterliche Plastik, gigantische, teils abnorme Geweihe von Hirschen aus den umliegenden Wäldern, Glasmalereien, Ritterrüstungen, Feuerwaffen.
Und Elfenbein. Die im Adel verbreitete Schnitzkunst mit dem feinen, glatten, kostbaren Material faszinierte Franz zu Erbach-Erbach so sehr, dass er die Fertigkeit unter den Handwerkern seiner Heimat förderte – tatsächlich entwickelte Erbach sich zu einem Zentrum der Elfenbeinschnitzerei in Europa. Heute präsentiert das Deutsche Elfenbeinmuseum, das weltweit Einzige seiner Art, über 2000 kostbare Werke vom Mittelalter bis zur Gegenwart, aus Asien und Afrika, aus Erbacher Werkstätten und den Königshöfen in Europa.

Der Helm aus dem Vatikan

Bleibt die Sache mit dem Helm. Hannibal persönlich soll ihn bei der Schlacht von Cannae 216 v. Chr. getragen haben. Der fanatische Kunstliebhaber hatte ihn in den Sammlungen des Vatikans gesehen – und musste ihn haben. Ein junger Jäger aus dem Odenwald sollte ihm helfen, das kostbare Stück zu ergattern.
Der Helm hing hoch an einer Wand, aber der Mann hatte den Hochsprung trainiert. Der Raub gelang, die Verfolger ließen sich täuschen. Der Jäger verkleidete sich als Bettelmönch und schmuggelte den Helm 1790 unter seiner Kutte nach Erbach, und wenn der Ruf des hessischen Grafen auch litt – nicht einmal das diplomatische Geschick eines Fürsten Metternich konnte ihn zur Rückgabe bewegen. Der Helm blieb im Schloss. Die Geschichte wird gern erzählt. Manche behaupten, sie sei pures Jägerlatein. Eine Legende eben. Aber wir sind im Odenwald.

MUSEEN

Deutsches Elfenbeinmuseum

Die sehenswerte Sammlung rund um das weiße Gold, das seit 1783 in Erbach verarbeitet wird, umfasst mehr als 2000 Exponate. Schnitzvorführungen und Spielstationen machen den Museumsbesuch auch für Kinder interessant.
Otto-Glenz-Str. 1, 64711 Erbach im Odenwald • Tel. 06062/919990 • Di–So 10–17 Uhr (Jan.–Feb. ab 13 Uhr) • www.elfenbeinmuseum.de

Gräfliche Sammlungen Schloss Erbach

Erlebnisführungen für Prinzen und Prinzessinnen, Ritter und Burgherrinnen von sechs bis zehn Jahren werden in den Ferien und nach Vereinbarung angeboten.
Marktplatz 7, 64711 Erbach im Odenwald • Tel. 06062/809360 • www.schloss-erbach.de • Besichtigung nur mit Führung: März–Okt. Mo–Fr 11, 14, 16, Sa/So und feiertags (auch an den Adventswochenenden) 11, 14, 15, 16 Uhr • Schöllenbacher Altar Mo–Fr 15.15, Sa/So und feiertags 15.15 und 16.15 Uhr

SERVICE

AUSKUNFT

Touristik-Information Erbach und Odenwaldladen

Marktplatz 1 (Altes Rathaus), 64711 Erbach im Odenwald • Tel. 06062/6480 • www.erbach.de • Nov.–März 11–16, April– Okt. 10–17 Uhr

TOUR 6

Rheingau und Taunus

Sonnige Südlagen vor der Kulisse des träge dahinfließenden Stroms. Die edlen Tropfen wusste schon Goethe zu schätzen, und auch die Grimms kamen gerne zu Besuch in die Gegend.

◂ Im steilen Hang, wie hier in Einberg bei Assmannshausen, wird der Wein noch heute von Hand gelesen (▸ S. 108).

Winzerorte am Rhein

Von Zeit zu Zeit konnte der alte Goethe richtig grantig werden. Wenn ihn jemand beim Morgengang im taufeuchten Gras ansprach. Oder wenn Bettine wieder nervte. Das konnte sie nämlich gut, die Schwester, Tochter und Enkelin aus reicher Frankfurter Kaufmannsdynastie, frisch verheiratet, aber schon wieder von romantischer Rastlosigkeit geplagt: Bettine von Arnim, geborene Brentano, konnte ruhebedürftige Charaktere mit ihrer Schwärmerei die Wände hochtreiben! »Lieber, lieber Freund«, stöhnte sie 1835, drei Jahre nach dessen Tod, in ihrem Roman »Goethes Briefwechsel mit einem Kinde« – einer Korrespondenz, wohlgemerkt, die sich alle Freiheit der Poesie gönnte – »ach Goethe, ich habe Deine Briefe so lieb, ich habe sie eingehüllt in ein seidnes Tuch, mit bunten Blumen und goldnem Zierat bestickt.«

Der reale Johann Wolfgang von Goethe, 1814 und 1815 zu Besuch im Landhaus der Brentanos in Oestrich-Winkel am Rhein und fast 40 Jahre älter als die stürmische junge Frau, hatte wohl eingesehen, dass er mit Zurückhaltung und Etikette hier nicht weiterkam. Er war Gast, na schön. Aber er war nicht irgendwer: Er dichtete. Quälte sich, litt an schlechter Laune. Trank viel und brauchte morgens lange, um sich neu zu sortieren. Die Anhimmelei war ihm lästig. Bettine oder er, forderte er also. Die Gastgeber sahen es ein.

Und der Dichterfürst bedankte sich aus übervollem Herzen. Schrieb wie ein fröhlicher Tourist über eine Fahrt zum »Sanct Rochus-Fest in Bingen« – ein Mann, der die einfachen Freuden des Lebens mit der Abgeklärtheit der späteren Jahre zu genießen versteht. Schilderte in seinem Tagebuch die Herbsttage im Rheingau und jubilierte im »West-östlichen Divan«, seinem großen Alterswerk: »Trunken müssen wir alle sein! / Jugend ist Trunkenheit ohne Wein; / Trinkt sich das Alter wieder zu Jugend, / So ist es wundervolle Tugend. / Für Sorgen sorgt das liebe Leben / Und Sorgenbrecher sind die Reben.«

Nun ja. Vielleicht nicht der erste Gedanke, der sich aufdrängt, wenn einer sich in Bewunderung mit den Lehren des Koran befasst, mit der Mystik und dem Zauber des Orients und dem Werk des persischen Poeten Hafis. Aber natürlich ging es im »Divan« um mehr: um das Geschenk des Lebens, um die Wonnen des Daseins, gerade für einen, der mit seinen 65 Jahren langsam auch dessen Endlichkeit aufdämmern sah.

Der Dichter und der Rebensaft

Zudem forderte natürlich die Gegend ihren Tribut. Weinberge ringsum. »Wir fragten«, so notierte der würdevolle Geheime Rat, »ob denn wahr sei, dass es geistlichen Herren, ja Kurfürsten geglückt, acht rheinische Maß, das heißt sechzehn unserer Bouteillen, in vierundzwanzig Stunden zu sich zu nehmen?« 16 Flaschen Wein! Und in geradezu kindlichem Staunen vernahm er, was der Weihbischof Valentin Heimes aus Hattenheim in seiner Fastenpredigt verkündet hatte: Ja, auf solchem Dienst an den Gaben des Himmels liege höchster Segen.

Gleich doppelt fühlte sich der Gast aus Weimar da angestachelt: nicht nur dazu, seine Trinkfestigkeit zu prüfen – der 1811er war zudem ein Jahrgang, von dem noch Generationen reden sollten. Ein Jahrhundertwein? Der Wein schlechthin!

Stelldichein im Brentanohaus

Goethes Wein wird weiter ausgeschenkt. Nicht der sagenhafte »Elfer« freilich, der ist ausgetrunken, aber die Reben über dem Rhein tragen immer noch köstliche Frucht. Und das Haus ist zu besichtigen, sogar das Zimmer, in dem einst der große Dichter seine, nun ja: seine Räusche ausgeschlafen hat. Immer noch leben hier die Nachfahren jenes aus der Gegend von Como zugewanderten Pietro Antonio, später Peter Anton Brentano, dem aus drei Ehen 20 Kinder geschenkt waren. Das Brentanohaus muss gesummt haben wie ein Bienenstock. Goethe kam, der Staatsmann Karl Freiherr vom und zum Stein, der Schwager Friedrich Carl von Savigny, Achim von Arnim.

Unten am Fluss hatte sich Karoline von Günderrode im Juli 1806 das Leben genommen; ihr Geliebter, der Altertumswissenschaftler und Mythenforscher Friedrich Creuzer, Freund Goethes, der Brentanos und der Brüder Grimm, wollte dann doch lieber im sicheren Hafen der Ehe verweilen und ging mit der Gattin nach Heidelberg. Das Grab der unglücklichen Dichterin liegt unten in Winkel auf dem Friedhof der Pfarrkirche St. Walburga. Die Freunde gedachten ihrer in zärtlicher Erinnerung.

Debatten mit Rheinblick

Auch die Grimms waren den Geschwistern Bettine, Franz und Clemens Brentano herzlich willkommen. 1815 schaute Wilhelm erstmals mit Ludwig Emil Grimm auf dem Weg nach Heidelberg vorbei; Savigny war mit von der Partie. Man plauderte und trank, schwärmte und stritt, munteres Gespräch, alte Freunde, große Pläne.

Der Rhein war der Strom der Deutschen – und immer umkämpfte Grenze zu Frankreich. Die schwierige Nachbarschaft sollte die Generation (und auch folgende) ihr Leben lang beschäftigen. Napoleon siegte, eroberte und unterwarf, scheiterte schließlich im Russlandfeldzug, wurde bei Leipzig geschlagen. Auf dem Wiener Kongress 1814/1815 wurden die Grenzen neu verhandelt. Vom Weingarten der Brentanos mit Blick auf den Fluss ließ sich der Lauf der Geschichte verfolgen. Es gab viel zu debattieren zwischen den Reben am Weinhang. Die Biografen sprechen von glücklichen Zeiten.

SEHENSWERTES

Brentanohaus Oestrich-Winkel

▸ A5

Das Land- und Weingut des Baron von Brentano pflegt bis heute die Salonkultur und wirbt als »Treffpunkt für Romantiker«. Der Goethe-Wein wird auf über 200 Jahre alten Rebflächen angebaut. Zeichnungen, die Ludwig Emil Grimm – der öfter als Wilhelm bei den Brentanos zu Gast war – vom Anwesen anfertigte, sind in Kopie vor Ort und im Original in Steinau an der Straße zu bestaunen.

Am Lindenplatz 2, 65375 Oestrich-Winkel • Tel. 0 67 23/20 68 • www.brentano.de (Termine zu Führungen ins Goethezimmer, Lesungen und Weinproben) • Gutsausschank • Tel. 0 67 23/6 02 48 13 • März–Okt. Mi–Fr ab 17, Sa/So ab 11.30, Jan., Feb. Fr, Sa ab 17, So ab 11.30 Uhr (mit südländischer Terrasse unter Kastanien)

Gesegnete Südlagen

Ein Gottesgeschenk ist schon die Tatsache, dass der Rhein bei Mainz einen scharfen Knick nach Westen macht und erst hinter Rüdesheim am Binger Loch seinen Weg in Richtung Norden fortsetzt: Der Rheingau ist eine Landschaft auf dem Südbalkon, gewelltes, der Sonne zugeneigtes Hügelland, und wo nicht eine alte Burg steht, ein Ansitz oder ein schlossartiges Weingut, ist jeder Quadratmeter mit Reben bepflanzt. Göttlich, meinte Goethe und destillierte sogleich Lebensklugheit aus dem reichen Angebot der Weine: »... und hier ist es erfreulich zu sehen, dass die Magnaten unter sich keinen Rangstreit haben. Hochheimer, Johannisberger, Rüdesheimer lassen einander gelten, nur unter den Göttern mindern Ranges herrscht Eifersucht und Neid.«

Doch während der Dichter in olympischer Fabulierlust tirilierte, legten die Grimms sich fest: »Mir geht immer das Herz auf, wenn ich den Rhein und seine glückseligen Ufer wieder sehe«, schrieb Wilhelm Grimm, der zwischen 1831 und 1834 viermal aus Göttingen zur Kur nach Wiesbaden gereist war. »Einen schönen Nachmittag haben wir auf der Altane des Johannisberger Schlosses gesessen«, erinnert er sich an einen Besuch im Juli 1833, »ich glaube, ruhiger und vergnügter als der Fürst Metternich selbst, bei einer Flasche eines Cabinettweins, der zwar mit Gold muss bezahlt werden, wogegen aber auch aller andere Wein nur eine Art gutartiger Essig ist.«

Vielleicht lag's am Jahrgang. Tatsache ist, dass schon Karl der Große die außergewöhnliche Gunst der Südlage erkannt und angeordnet haben soll, hier Wein zu pflanzen. Um 1100 dann entstand ein Kloster zwischen den Rebstöcken, und Benediktiner taten ihren Gottesdienst im Weinberg. Tatsache ist zweitens, dass der österreichische Außenminister Metternich allen Grund hatte, das Leben vergnügt zu genießen. Nach den schwierigen Verhandlungen auf dem Wiener Kongress war ihm der Johannisberg übereignet worden, allerdings gegen die Auflage, jährlich ein Zehntel des Ertrags an das Haus Habsburg in Wien abzuführen. Die Vereinbarung gilt unbefristet.

Malerischer Winkel in der Rheingauer Wein- und Sektstadt Eltville (▸ S. 104).

EINKEHREN

Fürst von Metternich Winneburg'sche Domäne Schloss Johannisberg ▸ A5

Das ehemalige Benediktinerkloster residiert als Spitzenweingut hoch über dem Rhein, genau auf dem 50. Breitengrad. Im Weingarten schmecken castellisch-gräfliche Forelle

und halbe Bauernente. Verschiedene Rieslinge, Spät- und Weißburgunder, Brände und Sekt können in der Vinothek erworben werden. Beliebt ist auch der zweitägige Weinmarkt alljährlich im April. Zu den Konzerten des Rheingau Musik Festivals strömen Tausende von Besuchern auf den Johannisberg.
Schloss Johannisberg, 65366 Geisenheim-Johannisberg • Tel. 06722/70090 • www.schloss-johannisberg.de – Gutsschänke Schloss Johannisberg, 65366 Geisenheim-Johannisberg • Tel. 06722/96090 • tgl. ab 11.30 Uhr (durchgehend warme, von Feinschmeckern empfohlene Küche) – Vinothek: März–Okt. Mo–Fr 10–13, 14–18, Sa/So und feiertags 11–18, Mai–Sept. 11–19, Nov.–Feb. Mo–Fr 10–13, 14–18, Sa/So 11–17 Uhr (Weinproben, Kellerführungen)

FESTE UND EVENTS

Rheingau Musik Festival ▸ A5

Mehr als 140 Konzerte an nahezu 40 verschiedenen Veranstaltungsorten verwandeln den Rheingau in eine große Konzertbühne.
Postfach 1125, 65367 Oestrich-Winkel • Ticket- und Info-Tel. 06723/602170 • www.rheingau-musik-festival.de • Juni–Sept.

Die Entdeckung der Spätlese

Tatsache ist auch, dass die metternichsche Domäne vorher Eigentum der Fürstabtei zu Fulda war – und wenn die Zeit nicht ihre typischen Kommunikationsprobleme gehabt hätte, dann wäre die Spätlese nicht erfunden worden. Da aber im Herbst 1775 der reitende Bote aus Fulda mit der offiziellen Anordnung des Fürstbischofs zwei Wochen länger als üblich auf sich warten ließ, hatte niemand gewagt, mit der Lese zu beginnen. Die Trauben waren angefault und schrumpelig. Der Wein wurde dennoch eilends geerntet, gekeltert – und erwies sich als köstlich. Auch Dienst nach Vorschrift kann Großes hervorbringen. Das Beispiel machte Schule.

Dorado der Önologen

Vom Wiesbadener Neroberg bis zum weinseligen Gedränge der Busreisenden aus Osaka, Ostholstein oder Oklahoma in der **Rüdesheimer** Drosselgasse, vom Erbacher Marcobrunn bis zum Binger Rochusberg: Die Geschichte der Region dreht sich um den Wein. Sie wird erzählt in Kelleranlagen hinter efeuüberwucherten Klostermauern, in schlossartigen Privatvillen am Rheinufer oder in Weingütern mit so blaublütigen Namen wie Prinz von Hessen in Johannisberg oder Freiherrlich Langwerth von Simmern'sches Rentamt in Eltville.
Sie bekam auch Nahrung in der Forschungsanstalt für Garten- und Weinbau in **Geisenheim**. 1882 war dem Önologen Hermann Müller aus Thurgau in der Schweiz in der damals noch Königlich Preußischen Lehranstalt eine Kreuzung aus dem landestypischen Riesling und der Rebsorte Madeleine Royale gelungen, der er seinen Namen und den seiner Heimat gab: Müller Thurgau. Fruchtig, süffig und ertragreich – ein Welterfolg, ein Exportschlager. Und selbst die European Business School in **Oestrich-Winkel** veranstaltet ihre Seminare zu Marketing, strategischer Innovation und Business Administration inmitten von Rebstöcken der immer noch vorherrschenden Rieslingtraube.
Domizil der Privatuniversität und Kaderschmiede für die künftige

Wirtschaftselite ist Schloss Reichartshausen, im Mittelalter so etwas wie das Logistikzentrum für den Wein der Umgebung.

Die Zisterzienser von Eberbach

Der kam vom benachbarten Kloster Eberbach. Und Besuchern verschlägt es den Atem, wenn sie die gewaltige Anlage der 1136 durch Bernhard von Clairvaux gegründeten Zisterzienserabtei betreten – die Basilika, den Kreuzgang, den Klostergarten oder das 70 m lange Mönchsdormitorium unter gotischem Kreuzrippengewölbe. Es sind Räume, in deren intensiver Stille sich die Seele öffnet: verwirrend vertraut, schwindelerregend tief. Dass 1985 hier Umberto Ecos Roman »Der Name der Rose« mit Sean Connery verfilmt und der Film zu einem Welterfolg wurde, bestätigt das Phänomen, erklärt es aber nicht: Die Stille, die Intensität, die spürbare Wucht der Geschichte – das alles war ja schon vorher da. Es ist den Räumen eingeschrieben.

Zu Zeiten der Brüder Grimm war die Abtei durch den Reichsdeputationshauptschluss des Jahres 1803 säkularisiert worden, misshandelt und vernachlässigt; seit 1815 wurde sie als Irrenhaus genutzt. Ob sie in Brentanos Weinlaube auch über solche Entwicklungen gesprochen haben? Sicher haben sie die Zeitläufte sehr aufmerksam zur Kenntnis genommen. Heute führt die Stiftung Kloster Eberbach die Geschäfte mit Weinführungen und Gastronomie, Klosterladen und einem Komplettprogramm für Hochzeiten, vom standesamtlichen Akt über das Jawort in der Basilika aus dem 12. Jh. bis zum Festbankett in klösterlichen Gewölben. Die einstigen klösterlichen Wingerte werden bewirtschaftet von den Hessischen Staatsweingütern Kloster Eberbach GmbH – dies ist, ganz nebenbei, das größte Weingut in Deutschland.

MERIAN-Tipp 6

DOMÄNE STEINBERG ▸ A5

Ausschank am Schwarzen Häuschen der Domäne mit Rheinpanorama und Rebenpracht – einer der romantischsten Plätze im Rheingau, ideal für die gehobene Rast unter freiem Himmel! Mitten in den Weinbergen zwischen Kloster Eberbach und Hattenheim gelegen, und auf dem Bernhardusspfad in 300 m (10 Min.) vom Kloster aus zu erreichen. Parkplätze gibt's aber auch direkt am Steinbergkeller.

Tel. 06 11/1 74 37 18 • April–Okt. Fr 14–20, Sa/So und feiertags 11–20 Uhr

SEHENSWERTES

Kloster Eberbach

Klosterkasse, 65346 Eltville • Tel. 0 67 23/9 17 81 15 • www.klostereberbach.de • April–Okt. tgl. 10–18, Nov.–März 11–17 Uhr, Audioführung (Deutsch/Englisch), am Wochenende offene Führungen April–Okt. Fr 15, Sa/So und feiertags 11, 13, 15, Nov.–März Sa/So 14 Uhr

– Vinothek und Kellerladen im Kelterhaus am frühgotischen Hospital • tgl. 10–18 Uhr • offene Kellerführungen: April–Okt. Sa/So und feiertags 13, 15, Nov.–März (außer Weihnachtsferien) So 14 Uhr

– Klosterschänke • Tel. 0 67 23/99 32 99 • tgl. 11.30–22 Uhr, durchgehend warme Küche auch auf der

Im Fokus

Johannes Gutenberg in Eltville

Der Mann, mit dem die Neuzeit begann, lebte wohl für einige Jahre in der Weinstadt und lernte dort lesen und schreiben.

Sein Name war Henne Gensfleisch, und dass seine Biografie so markante Lücken aufweist, könnte daran liegen, dass die Welt noch eine andere war. Seine Erfindung sollte das ändern, und zwar gründlich. Aber in einer Zeit, da jeder Eintrag in einem Kirchenbuch mit einem Gänsekiel hingekratzt und jedes Wort von Hand geschrieben werden musste, da nur eine kleine Elite lesen und schreiben konnte und Bücher nur in den Skriptorien der Klöster existierten, konnte es nun mal passieren, dass eine Fährte verloren ging.

Auszug aus Mainz

War also jener Johannes de alta villa, der 1418/1419 an der Universität in Erfurt auftaucht, wirklich identisch mit jenem Johannes, landesübliche Kurzform Henne, der irgendwann zwischen 1393 und 1404 als Sohn des Patriziers Friele Gensfleisch und seiner Frau Else Wirich im Hof »Zum Gutenberg« in Mainz aktenkundig geworden war? »Alta villa«, das war der lateinische Name für Eltville. Tatsächlich ist es wahrscheinlich, dass der Vater um 1411 von Mainz in den Rheingau gezogen ist, wo die Familie aus mütterlichem Erbe ein Haus besaß. Henne wäre dann in die »gemein Schul« bei der Kirche St. Peter und Paul gegangen. Und ganz sicher ließ sich sein Bruder Friele 1434 in der Burghofstraße zu Eltville nieder.

◂ Blumenputz und Fachwerk – Vorgartenidylle in Eltville.

Henne verschwand. Er kehrte nach Mainz zurück, in den Hof »Zum Gutenberg«, arbeitete, experimentierte – und erfand als Johannes Gutenberg die Druckerpresse und den Buchdruck mit beweglichen Lettern. Gestorben am 3. Februar 1468 zu Mainz, begraben dort in der Franziskanerkirche. Das Grab ist nicht mehr auffindbar.
Aber die Welt trat in ein neues Zeitalter ein: Lesen, Bildung, zuerst Ablassbriefe, aber bald auch die Lutherbibel. Alphabetisierung, Pamphlete, Revolutionen, philosophische Welterklärungen, ein neues Menschenbild – die Neuzeit. Und wer schuf die technische Grundlage dafür, dass Grimms Märchen eine Auflage von weltweit ungefähr 1 Mrd. Exemplare erreichen konnten?

Weinpressen als Vorbild?

Mainz gedenkt seiner im Gutenberg-Museum gegenüber dem Dom. Schreiben und lesen gelernt hat er womöglich in Eltville. Die kleine Stadt im Rheingau mit ihren verwinkelten Gassen, der Uferpromenade und den grandiosen Villen am Rhein hat im Turm der Kurfürstlichen Burg eine Gedenkstätte eingerichtet. Hier ernannte Kurfüst Adolf II. von Nassau am 17. Januar 1465 den Erfinder zum Hofmann; die Apanage: jährlich 20 Malter, also 2180 Liter Korn und zwei Fuder, also 2000 Liter Wein. Und Steuerfreiheit.
Im Haus der Brüder Heinrich und Nikolaus Bechtermünze entstanden, wahrscheinlich unter Gutenbergs Anleitung, Druckwerke wie der »Vocabularius ex quo« – so etwas wie ein Urahn des grimmschen Wörterbuchs. Im Turm sind Faksimiles, Werkzeuge und eine frühe Druckerpresse aus Italien zu sehen. Und zu bedenken wäre die sehr einleuchtende Idee, dass Anstoß und Vorbild zu ihrer Erfindung ein gerade in dieser Region sehr vertrautes Gerät gewesen sein könnte: die Weinpresse.

Fachwerk überall

Das heutige Stadtbild wird aber vor allem von Fachwerk geprägt. Die meisten Fachwerkhäuser entstanden zwischen 1550 und 1850, in der ganzen Altstadt und allen Stadtteilen findet man sie zuhauf. Als man im beginnenden 18. Jh. wenig Sinn für die Schönheit der Holzarchitektur hatte, begann man viele Fachwerke unter Putzanstrichen zu verstecken. Eine vorbildliche Stadtsanierung im Lauf des 20. Jh. hat all diese Schätze aber wieder ans Tageslicht gebracht, und so kann man heute überall in Eltville die hölzernen Zeugen der Vergangenheit bewundern.

SEHENSWERTES

Gutenberg-Gedenkstätte ▸ A5

Im Burgturm erinnert heute eine Gedenkstätte an die bahnbrechende Erfindung des Mainzers.
In der Kurfürstlichen Burg, Burgstr. 1, 65343 Eltville am Rhein • April–Mitte Okt. Fr 14–18, Sa/So und feiertags 11–18 Uhr

Noch mehr zu Johannes Gutenberg ist zu finden unter www.gutenberg-eltville.de oder bei der Tourist-Information der Stadt Eltville (Rheingauer Str. 28, 65343 Eltville am Rhein, Tel. 0 61 23/90980, www.eltville.de). Ein buntes Programm rund um den Buchdruck bietet der »Gutenberg-Winter«, der alljährlich in Januar und Februar stattfindet.

Gartenterrasse (April–Okt.) • Pfortenhaus Ostern–15. Okt. 10–19 Uhr

Ringen um die beste Qualität

Ein Professor für Deutsch an der Pariser Sorbonne, der nach dem Deutsch-Französischen Krieg von 1870/1871 als Journalist nach Wiesbaden kam und schließlich sein Glück im Weinbau fand – das war Robert Weil. In Kiedrich übernahm er die Villa des aus England zugewanderten Sir John Sutton, des dritten Baronet of Norwood Park.

Der Weinkeller im Kloster Eberbach (▸ S. 103).

Der mag ein von der Gotik faszinierter Exzentriker gewesen sein, er war eben Engländer – im Rheingau genießt er bis heute hohen Respekt als Musikmäzen, Stifter und Retter alter Kirchenorgeln. Sein Ehrengrab ist auf dem Kiedricher Kirchhof zu finden. Robert Weil kaufte traditionsreiche Lagen hinzu, Schritt um Schritt, und begründete ein Unternehmen, das heute vom Gourmetführer Gault Millau bis zum Genuss-Magazin »Der Feinschmecker« für seine Riesling-Kultur mit höchsten Auszeichnungen bedacht wird.
Das Weingut Weil in Kiedrich, Franz Künstler in Hochheim, August Kesseler und Josef Leitz in Rüdesheim, Josef Spreitzer in Oestrich-Winkel und, und, und: Auch die Gegenwart ist bestimmt vom Ringen darum, die sonnendurchtränkten, mineralisch feinen Rieslinge und die roten Spätburgunder vom Rhein in Charakter und Qualität an der Spitze zu halten. Und Erfolg belohnt den Kampf.

EINKEHREN

Schloss Reinhartshausen ▸ A5

Ein alter Rittersitz bei Eltville musste 1801 dem heutigen Neubau weichen. Lange residierten hier Prinzen von Preußen. 1959 wurde es teilweise, ab 1987 gänzlich in ein Hotel umgewandelt, das seither zu den schönsten und besten Fünf-Sterne-Hotels der Region zählt. Im traditionsreichen Weingut, das zu dem Komplex gehört, werden Spitzengewächse angebaut.
Schloss Reinhartshausen Kempinski, Hauptstr. 41, 65346 Eltville-Erbach, Tel. 0 61 23/67 60, www.kempinski.com/de/frankfurt/schloss-reinhartshausen

Weingut Robert Weil ▸ A5

Kiedricher Klosterberg, Turmberg und Gräfenberg heißen die besten Lagen des Guts, das in einem Schlösschen seinen Sitz hat, gleich unterhalb der berühmten Valentinuskirche.
Mühlberg 5, 65399 Kiedrich • Tel. 0 61 23/23 08 • www.weingut-robert-weil.com • Mo–Fr 8–17.30, Sa 10–17, So 11–17 Uhr

Weingut Josef Spreitzer ▸ A5

Die »Spreitzer-Buben«, wie die Brüder Andreas und Bernd im Rheingau genannt werden, stehen für eine neue Generation von Winzern, die den elterlichen Betrieb an die Spitze der Rheingauer Weingüter geführt haben. Die herausragende saftige Spätlese »303« bringt perfekt ausbalancierte Fruchtsüße elegant auf den Punkt und ist vom »Feinschmecker« mit vier Fs bedacht worden.

Rheingaustr. 86, 65375 Oestrich-Winkel • Tel. 0 67 23/26 25 • www.weingut-spreitzer.de • Mo–Fr 9–12, 13.30–18.30, Sa 9–16 Uhr • Straußwirtschaft Ende April/Anfang Mai Mo–Sa 17–23, So und 1. Mai 12–23 Uhr

Weingut Künstler ▸ B5

Vinologisches Aushängeschild der Region und mit ihren strahlenden und klaren Fruchtaromen eine Klasse für sich sind die Künstler-Weine aus Hochheim. Franz Künstler wurde von Stuart Pigott zum Winzer des Jahres 2011 gewählt. Auch Tagungen und private Feiern können in dem Weingut abgehalten werden.

Geheimrat-Hummel-Platz 1 a, 65239 Hochheim • Tel. 0 61 46/8 38 60 • www.weingut-kuenstler.de • Vinothek: Mo–Fr 8–12, 13–18, Sa 10–15 Uhr

Weingut und Weinhaus August Kesseler ▸ A5

Der Rheingauer Rotweinkönig aus Assmannshausen. Die Spätburgunder sind von herausragender Qualität, auch die substanzreichen Rieslinge sind sehr zu empfehlen.

Lorcher Str. 16, 65385 Assmannshausen • Tel. 0 67 22/25 13 • www.august-kesseler.de • Mo–Fr 9–18 Uhr und nach Vereinbarung

Weingut Leitz ▸ A5

Hundert Prozent Riesling: Johannes Leitz hat den väterlichen Betrieb zu einem international erfolgreichen Weingut ausgebaut.

Theodor-Heuss-Str. 5, 65385 Rüdesheim am Rhein • Tel. 0 67 22/48 71 1 • www.leitz-wein.de • Mo–Fr 8–12, 13–17 Uhr und nach Vereinbarung

Suizid im Weinberg

Wie eine dunkle Wolke lastete 1997 der tragische Tod des Gutsbesitzers Erwein Graf Matuschka-Greiffenclau über dem Rheingau. Das »Graue Haus« in Winkel, erbaut um 850, gilt als Stammhaus der Familie. Die Ahnenreihe des Rittergeschlechts geht zurück auf das Jahr 1097, doch nach 900 Jahren Weinbautradition auf den Hängen von Schloss Vollrads und nach 26 Generationen von Vorfahren sah der Eigentümer keine Zukunft mehr für das hoch verschuldete Unternehmen. Die Familie war zerstritten, der Ruf des Weinguts angeschlagen, die Weine landeten zu Schleuderpreisen im Supermarkt. Der Spiegel berichtete über »Dallas im Rheingau«, als wäre das alles bloß eine Seifenoper – am 19. August nahm Graf Erwein sein Gewehr und erschoss sich zwischen den Reben über dem herrschaftlichen Anwesen. Menetekel für eine ganze Region?

Eine Zukunft für Gut Vollrads

Das traditionsreiche Erbe konnte gerettet werden. Schloss Vollrads mit seinem mächtigen Wohnturm aus dem 14. Jh. und dem Wassergraben, mit Herrenhaus, Schlossgarten und Orangerie gehört unbestritten zu den schönsten Plätzen auf dem Südbalkon über dem Rhein. Im Sommer bietet der Park am Schlossteich eine

perfekte Bühne für Konzerte des Rheingau Musik Festivals, Klassik, moderne Klassik und Jazz.
Von Wanderwegen durch die Weinberge öffnet sich der Blick über das silberne Band des Stroms. Und das Weingut von Schloss Vollrads, heute bewirtschaftet von der Nassauischen Sparkasse, setzt die jahrhundertealte Tradition fort: Spitzenlagen, Spitzenweine. Der Rheingau ist Weinland.

EINKEHREN

Weingut Schloss Vollrads und Gutsrestaurant ▸ A5

Eines der ältesten Weingüter der Welt: Schon vor 800 Jahren ist hier der Handel mit Weinen urkundlich bezeugt. In der ehemaligen Orangerie und auf der Schlossterrasse werden heute exquisite Menüs serviert. An Sommerwochenenden gibt es die hauseigenen Rieslinge auch im Innenhof rund um den Wasserturm an Weinständen zu kleinen Speisen. In der Vinothek im historischen Kutscherhaus (Tel. 0 67 23/6 60, Mo–Fr 9–18, Sa/So und feiertags 11–19, im Winter bis 17 Uhr) können alle Produkte des Weinguts ganzjährig verkostet werden.
Vollradser Allee, 6535 Oestrich-Winkel • Tel. 0 67 23/52 70 • www.gutsrestaurant-schlossvollrads.de • März–Dez. Mi–So 12–22 Uhr

Oberes Mittelrheintal

Um die Ecke, vom Binger Loch nordwärts, wird der Rhein gar als Weltkulturerbe von der UNESCO geschützt. Kultur? Ein Fluss?
An den nun steilen Hängen des Oberen Mittelrheintals von Bingen und Rüdesheim über die Rotweingärten von Assmannshausen bis Lorch und weiter bis Bacharach, St. Goar, die Loreley und schließlich bis Koblenz reihen sich Burgen und Schlösser aneinander wie Perlen auf einer Kette. Den Flusslauf säumen Städte, deren Entstehung bis weit ins Mittelalter zurückreicht, nicht selten auch bis in die Zeit der Römer und Kelten. Kirchen und Klöster geben Zeugnis von der hohen Kultur der Gotik, und die Gärten an den steilen Wänden des Durchbruchs durch das Rheinische Schiefergebirge lassen ahnen, wie hart der Reichtum in früherer Zeit erkämpft werden musste.

Der Strom als großer Erzähler

Der Rhein war Grenzfluss und definierte zugleich den kulturellen Kernraum des Heiligen Römischen Reiches. Er unterteilte umstrittenes Terrain und war wichtigste Verkehrsader und damit wichtigste Handels- und Kommunikationsstraße des Kontinents. Und als die Konflikte Europas sich andere Orte gesucht hatten, kamen Maler und Dichter, Musiker und Architekten, Reisende und Forscher und fanden unter der Burgruine Ehrenfels bei Bingen, der Burg Sooneck, der Heimburg, dem mächtigen Burgfried von Burg Fürstenberg oder weiter stromabwärts die Spuren einer Geschichte, die kaum irgendwo sonst so reich und bewegt gewesen war und kaum irgendwo sonst so kenntlich zutage trat. Im Oberen Mittelrheintal wird der Strom zu einem großen Erzähler. Und die Reisenden und Suchenden erzählten nach, begeistert von dem, was sie sahen und hörten. Ihr Produkt war die Rheinromantik, der aus Sehnsucht, zuweilen wohl auch aus Räson geborene Wunsch, die großen Zeiten der Geschichte neu zu beleben – streng genommen eine Neigung, die bis heute in der vergangenheitsselig dekorierten Gemütlichkeit mancher Weinstuben und Schlosshotels zu finden ist.

Wo Ruinen waren, entstanden Burgen, wo Burgen waren, gesellten sich weitere hinzu. Nur mittelalterlich musste es aussehen. Maler, allen voran der große Engländer William Turner (1775–1851), fanden ihre Themen in der beseelten, geschichtssatten Landschaft, Dichter nutzten wiederentdecktes und neu gebautes Gemäuer als Projektionsfläche für ihre romantischen Lieder.

Geschichte als Bauprogramm

Die ehemalige Stiftskirche St. Martin in **Bingen** wurde 1403 als eines der frühesten und lautersten Zeugnisse gotischer Baukunst am Mittelrhein gebaut, der 1483 entstandene Schnitzaltar von St. Martin in **Lorch** verschlägt den Besuchern mit seiner schlichten Klarheit die Sprache. Die Kapelle St. Rochus bei Bingen war dann schon ein Neubau auf historischem Grund, als Goethe sie 1814 besang. Der heutige Bau entstand noch später, 1891 bis 1895, in spätgotischer Formensprache.

Die Abtei der großen Mystikerin Hildegard von Bingen (1098–1179) auf dem Rupertsberg in Bingerbrück musste noch im 19. Jh. dem Bau einer Eisenbahn weichen. Haben sie aufgeschrien damals? Ach was! Sie haben der Heiligen in Eibingen, einem Stadtteil von Rüdesheim, ein neues Kloster hingestellt, 1900/1904 war das, im wuchtigen Stil der Neoromanik. Als wäre nichts geschehen. Der Schrein mit ihren Reliquien liegt in der Eibinger Pfarrkirche St. Hildegard. Und so kann auch Geschichte eine Nacherzählung sein: **Burg**

Dämmerstimmung auf dem Rhein bei Oestrich-Winkel. Die Rheinromantik begegnet hier aber auch dem Arbeitsalltag der Flussschiffer.

Kulturelle Genüsse offeriert das Neue Kurhaus in Wiesbaden, wo zahlreiche Konzerte, Ausstellungen und Festveranstaltungen stattfinden. (▸ S. 112).

Rheinstein entstand 1825–1829 auf den Grundmauern einer uralten Ruine, **Burg Reichenstein** wurde 1899–1902 nach Mustern aus der englischen Neogotik errichtet. Und **Burg Sooneck** war knapp 200 Jahre zuvor von französischen Truppen gesprengt worden, bevor sie 1842–1861 als romantisches Jagdschloss wiederauferstand.

Bauherr war Friedrich Wilhelm IV. von Preußen, in dessen Auftrag zuvor schon der Mäuseturm am Binger Loch neu aufgebaut worden war, ein im 14. Jh. mitten im Strom errichteter und später zerstörter Wachtposten der Burg Ehrenfels – ein Wahrzeichen der Region, so etwas wie der Eingang zu einem Weltkulturerbe, das sich damit als Erbe zweier Zeiten zu erkennen gibt: der Romanik und der Romantik. Der Gotik und einer gar nicht so weit zurückliegenden Gegenwart. Für den »Romantiker auf dem Thron«, wie der Preußenkönig gern genannt wurde, war die Geschichte Maßstab und Programm. Die Hauptstadt seines Reiches ließ er durch historienfeste Baumeister wie Karl Friedrich Schinkel und Friedrich August Stüler, den Gartenarchitekten Peter Joseph Lenné und den Bildhauer Gottfried Schadow zur würdigen Residenz einer Großmacht ausbauen. Man muss Geschichte eben zu nutzen verstehen.

SERVICE

AUSKUNFT

Rheingau-Taunus Kultur & Tourismus GmbH ▸ A5

An der Basilika 11 a, 65375 Oestrich-Winkel • Tel. 0 67 23/9 95 50 • www.kulturland-rheingau.de

Weltkulturerbe Oberes Mittelrheintal ▸ A5

www.welterbe-mittelrheintal.de • Auskunft auch bei der Tourist-Information Rüdesheim, Rheinstr. 29 a, 65385 Rüdesheim am Rhein • Tel. 0 67 22/ 90 61 50 • www.ruedesheim.de

Berufung nach Berlin

Auch die archäologische Arbeit der Brüder Grimm in den Schatzkammern der Sprache, der Literatur, der Mythen und der Märchen beeindruckte den Monarchen. Offenbar sogar sehr: Nachdem Bettine gute Vorarbeit geleistet und der einflussreiche Forscher Alexander von Humboldt geholfen hatte, die richtigen Strippen zu ziehen, sollte es im Herbst 1840 eine seiner ersten Amtshandlungen sein, Jacob und Wilhelm Grimm aus Kassel nach Berlin zu berufen, um, so hatte es der zunächst reformfreudige König mit einem schönen, altmodischen »e« als Endung des Dativs angekündigt, für die Hauptstadt »ausgezeichnete Kräfte aus dem gesamten deutschen Vaterlande zu gewinnen«.

Für die Grimms sollte der Ruf die Rettung aus einer prekären, nahezu schon aufgegebenen Lage werden. Aber auch 1833 hatten sie Probleme. Wilhelm war ernsthaft krank, Gicht, Rheuma, Schlaf- und Appetitlosigkeit, allgemeine Schwäche, der Magen, das Herz. Der schöne Nachmittag beim Wein auf der Terrasse von Schloss Johannisberg war womöglich nur ein Lichtblick.

Wiesbaden ▸ A5

Im Juni war die Schwester Lotte, verheiratete Hassenpflug, nach der Geburt ihres sechsten Kindes gestorben, gerade 40 Jahre alt. Nun sollte eine Kur in Wiesbaden dem verzweifelten und ohnehin leidenden Bruder neue Kräfte geben. Von mondänem Kurbetrieb – keine Rede. Ein paar Gläser Heilwasser, Ruhe, ein Spaziergang, eine Konsultation, ein Bad. Einmal nur registrierte Wilhelm Grimm einen Hauch vom luxuriösen Leben in der Kurstadt. Aber einen, der ihn nur umso mehr niederdrückte: Der inzwischen faktisch abgedankte Kurfürst Wilhelm II., ein Mann, der den Brüdern in Kassel das Leben nach Kräften schwergemacht hatte, erschien mit einer Mätresse am Arm im Spielsalon, »in ordinären Civilkleidern mit einem grauen Hut«. Eine kleine Genugtuung für den ehemaligen Bibliothekssekretär? Im Gegenteil: »Ich empfand einen Jammer über diese Herabwürdigung eines deutschen Fürsten.«

Wiesbaden kann natürlich ganz anders. Elegantes Flanieren in der Wilhelmstraße, großes Theater im Hessischen Staatstheater, grandiose Museen, der Nassauische Kunstverein, das Literaturzentrum in der Villa Clementine, ein reiches Musikprogramm – die Amerikaner haben da ihre Spuren hinterlassen: Auch

Jazz kommt gut in Wiesbaden. Und überall elegante Fassaden, noble Villen, kaiserlicher Hofstaat, Hochadel, Geldadel, Gäste aus aller Welt. Ein beinahe geschlossenes Innenstadt-Ensemble im Historismus.

Denn der Boom der Landeshauptstadt als Bademetropole setzte erst nach den Zeiten der Brüder Grimm ein: Die berühmte Kaiser-Friedrich-Therme etwa – eine Perle des Jugendstils, prunkvoll wie ein Sultanspalast und eigentlich zu schade, um darin nur in wohlig warmem Quellwasser zu baden – wurde 1913 eröffnet. Das »schönste Kurhaus der Welt«, wie Kaiser Wilhelm II. anlässlich der Eröffnung jubelte – ein griechischer Tempel mit gläserner Kuppel, prunkvoll, prachtvoll und in jeder Hinsicht gala – wurde 1907 eingeweiht.

Dostojewskis »Spieler«

Und der viel zitierte Besuch des Fjodor Michailowitsch Dostojewski in Wiesbaden fand auch erst 1865 statt. 3000 Goldrubel soll der russische Autor im Kasino durchgebracht haben. Einen neuerlichen Kredit verband sein Verleger mit der Forderung, umgehend einen neuen Roman zu liefern. So entstand »Der Spieler«, ein Buch, in dessen Titel und Handlung der Autor seine eigene Passion aufgriff. Er brauchte dafür ganze 26 Tage; die Stenotypistin, der er das Manuskript diktierte, Anna Snitkina, wurde anschließend seine Ehefrau.

Und Dostojewski bekam seinen Kredit und spielte weiter. So bestätigt und beglaubigt von Michail Gorbatschow, der die Landeshauptstadt 1996 besuchte und als Geschenk eine bronzene Dostojewski-Büste mitbrachte; heute steht sie am Nizzaplätzchen im Kurpark. Der letzte Präsident der Sowjetunion übergab das Erinnerungsstück zum 225-jährigen Bestehen der Spielbank im Kurhaus und den angrenzenden Kolonnaden – womit bewiesen wäre: Der Vergnügungsbetrieb ist mindestens so alt wie das Bedürfnis, in heimlichen Grotten und luftigen Tempelchen Linderung zu finden für die Gebrechen und Malaisen des Alltags.

SEHENSWERTES

Literaturhaus Villa Clementine

Ein Besuch der schönsten Villa Wiesbadens kommt einer Zeitreise ins 19. Jh. gleich. Nicht umsonst hat der Hessische Rundfunk 1978 Thomas Manns »Buddenbrooks« darin verfilmt. In der Beletage ist inzwischen das Literaturhaus zu Hause. Im Literaturcafé laden die aktuelle Tagespresse und eine Büchertauschstelle zum Lesen und Verweilen ein.

Frankfurter Str. 1, 65189 Wiesbaden • Tel. 06 11/3 41 28 74 (Literaturhaus), 06 11/7 23 84 65 (Literaturcafé) • www.literatur-in-wiesbaden.de • Literaturhauscafé Do–So 10–18.30 Uhr

SPORT UND FREIZEIT

Kaiser-Friedrich-Therme

Mit Jugendstil-Schwimmhalle, gespeist aus der Adlerquelle, und modernem Saunabereich. Wellnessoase und Augenweide zugleich.

Langgasse 38–40, 65183 Wiesbaden • Tel. 06 11/1 72 96 60 • www.wiesbaden.de • So–Do 10–22, Fr, Sa 10–24 Uhr

SERVICE

AUSKUNFT

Wiesbaden Tourist Information

Marktplatz 1, 65183 Wiesbaden • Tel. 06 11/1 72 99 30 • www.wiesbaden.de

Taunus ▸ A5–B4

Bad Soden am Taunus: Im Sommer 1855 verbrachte Wilhelm Grimm mit seinem Sohn Hermann fünf offenbar ruhige, erholsame Wochen in dem Badeort, der schon früh die Prominenz anzog: Der Komponist Mendelssohn-Bartholdy und die Mutter der englischen Königin hatten sich die Ehre gegeben, später kamen Otto von Bismarck und Kaiser Wilhelm I. »Ich bin gerne eine kleine Anhöhe rechts hinaufgestiegen, wo sich der Feldberg so prächtig erhebt«, so Wilhelm Grimm über seine Ausflüge. »Auch über die Wiesen, die hinter dem Champagnerbrunnen liegen, bin ich oft gegangen, es war da still und friedlich, und der Weizen neigte seine schweren Ähren herab.« Auch das nahe gelegene **Königstein** empfahl er wärmstens: »Da wechseln die Aussichten und sind immer anmutig.«

Wilhelm Grimm war nach Wiesbaden gekommen, weil es ihm elend war, weil die Familie um sein Leben fürchtete und weil die warmen Quellen ihm ermöglichen sollten, seine Arbeit als Professor und vor allem als Sprachforscher fortzusetzen. Dass auch die Seele daran ihren Anteil hat, das war ihm klar – spätestens, als er sich einen Wagen nahm und zur Stadt hinaus an den Rhein fuhr, in den Rheingau, dorthin, wo Freunde ihn willkommen hießen.

Genau hier, in **Niederwalluf**, begann auch das Rheingauer Gebück, eine undurchdringlich verwobene und verwucherte Hecke aus Hainbuchen, die sich über 38 km bis nach Lorch am Rhein zog und bis ins 18. Jh. rund 600 Jahre lang die Region vor angreifenden Feinden geschützt hatte. Ein grüner Schutzwall, zu struppig, um hindurchzureiten, zu hoch um darüber hinwegzuspringen, und zu biegsam, um hinüberzuklettern.

Und wer dabei nicht an eine gewisse Dornenhecke denkt, hinter der eine Prinzessin in einen hundertjährigen Schlaf gefallen war, bis ein Prinz das Gestrüpp überwand – der hat nie das Märchen von Dornröschen gelesen.

SERVICE

AUSKUNFT

Taunus Touristik Service e. V. ▸ B4

Im Taunus-Informationszentrum, Hohemarkstraße 192, 61440 Oberursel (Taunus) • Tel. 0 61 71/5 07 80 • www.taunus.info

MERIAN-Tipp 7

FREILICHTMUSEUM HESSENPARK ▸ B4

Mehr als 100 Gebäude des Freilichtmuseums im Taunus gewähren Einblick in den oft beschwerlichen Alltag der Handwerker und Bauern jener Zeit, die den Hintergrund für die grimmschen Märchen bildet. Wie lebten die Menschen hier vor 200 Jahren? Wieso konnte sich Dornröschen an einer Spindel stechen? Woher kommt die Asche in »Aschenputtel«? In Vorführungen und museumspädagogischen Projekten erleben Kinder und Erwachsene Geschichte diesseits der großen Namen und weltbewegenden Ereignisse. Auf der Puppenbühne werden die Märchen dann in Szene gesetzt.

Laubweg 5, 61267 Neu-Anspach • Tel. 0 60 81/5 88-0 • www.hessenpark.de • März–Okt. tgl. 9–18, Nov. tgl. 10–17, Dez.–Feb. Sa/So 10–17 Uhr

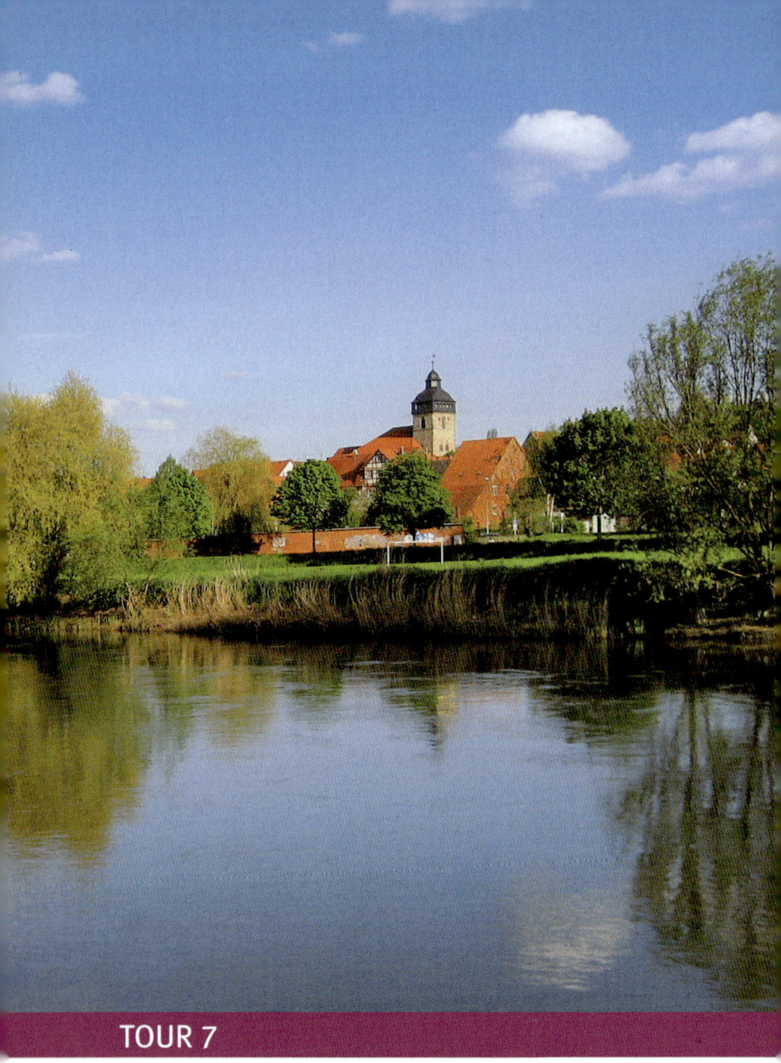

TOUR 7

Rund um den Hohen Meißner

In den Höhenzügen des Kaufunger Waldes zwischen Kassel und dem Werraufer bei Bad Sooden-Allendorf hat Frau Holle das Sagen. Und pittoreskes Fachwerk prägt die Städte.

◂ Ein Eldorado der Paddler und Kanuten: das Werratal, wie hier bei Witzenhausen (▸ S. 115).

Nie hatte die Brücke schwerer zu tragen als an diesem Vormittag. Äußerlich betrachtet, waren es zwei ganz normale Kutschen, die da das Königreich Hannover in Richtung Kurhessen verließen, genauer: Richtung Kassel. Viel schwerer aber wogen die Schmach und die Sorgen ihrer Passagiere: Sieben Professoren der Universität in Göttingen waren ihrer Ämter enthoben, drei von ihnen gleich aus dem Land gejagt worden.

Witzenhausen ▸ D1

Diese drei nahmen nun den Weg über Witzenhausen. Der Brücke über die Werra in ihrer heutigen Gestalt ist das Drama nicht mehr anzusehen. Knapp acht Jahre zuvor hatten Jacob und Wilhelm den Grenzfluss in Gegenrichtung überquert, von Kassel kommend, nachdem der Kurfürst sie so rüde um die verdiente Beförderung als Betreuer der kurfürstlichen Bibliothek geprellt hatte. Nun die zweite große Niederlage ihres Lebens: Als honorige Professoren und politische Gegner monarchischer Machtfülle waren sie ihrem Landesherrn in Göttingen entgegengetreten.

Ein »unheimlicher Polizeigeist«, so Jacob Grimm, hatte sich schon lange an der Universität breitgemacht. Spitzelei, Überwachung, Denunziantentum und Zensur waren verbreitete Plagen der Epoche. Bis in die Kleiderordnung reichte die Bevormundung: Barett und Talar sollten die Professoren wieder tragen – eine listig inszenierte Demütigung, die das neu gewonnene Einvernehmen zwischen Lehrkörper und Studenten stören und die alten Rangunterschiede wiederaufleben lassen sollte.

Sie allein wäre vielleicht noch grimmig zu ertragen gewesen. Als dann aber Ernst August I. (1771–1851), der neue König von Hannover, unmittelbar nach seinem Regierungsantritt im Juli 1837 die Verfassung seines Vorgängers kassierte und sich in absolutistischer Manier allein an die Spitze des Staatswesens setzte, eskalierte der Zwist: Die als »Federvieh der Tintenkleckser« verhöhnten Dozenten protestierten dagegen, das Staatsgrundgesetz ins Belieben des jeweiligen Monarchen zu stellen.

Die »Göttinger Sieben«

Viele ließen sich einschüchtern. Immerhin riskierten sie Reputation, die gesicherten Pfründe eines Professors und ihren angesehenen Platz im Leben. Aber sieben von insgesamt 41, die späterhin berühmten »Göttinger Sieben« – unter ihnen Jacob und Wilhelm Grimm – blieben ihrer Sache treu. Am 18. November reichten sie ihren Protest schriftlich ein und machten ihn öffentlich. Am 4. Dezember standen sie vor dem Universitätsgericht, am 14. nahmen sie ihre Entlassungspapiere entgegen.

Der König machte kurzen Prozess. Der Historiker Friedrich Christoph Dahlmann, der Literaturhistoriker Georg Gottfried Gervinus und Jacob Grimm mussten das Königreich Hannover sofort verlassen; Wilhelm Grimm folgte mit Dortchen und den Kindern ein knappes Jahr später nach. Am 17. Dezember wurden die drei mutigen, zweifelnden und gedemütigten Professoren dann an der Landesgrenze von jubelnden Studenten mit »Vivat!«-Rufen empfangen. Die königliche Polizei hatte bei

Die alte Steinbrücke von Witzenhausen überspannt die Werra seit 1608, auch wenn sie nach Kriegsschäden 1950 etwas umgebaut werden musste (▸ S. 116).

Strafe verboten, jeglichem Geleit der Ausgewiesenen eine Kutsche oder Pferde zu leihen – na schön, hatten die Studenten geantwortet, dann marschieren wir eben zu Fuß nach Witzenhausen. Die ganze Nacht hindurch. Der Bürgerstolz fing an, sich gegen Obrigkeiten aufzulehnen.

Eine Brücke ins neue Leben?

Wer sich also Jacob und Wilhelm Grimm, den Sammlern traulicher Märchen, von ihrer weniger vertrauten Seite nähern will, der könnte ja mal die rund 30 km von Göttingen bis zum ehemaligen Grenzübergang zu Fuß nachgehen – und dabei sehr konkret in den Beinen spüren, welchen Respekt sie damals genossen haben müssen, die junge Idee der Demokratie und jene, die für sie eintraten. Da war Unruhe im Land, da tat sich was. Die zweite Etappe der Reise wäre dann, sich der Grimm-Stadt Kassel über die Werrabrücke bei Witzenhausen zu nähern. Vorher aber wäre unbedingt der historische Kern des Städtchens mit seinen stolzen Fachwerkhäusern zu bewundern, vielleicht auch ein Abstecher zum Schloss Berlepsch zu machen, das von den Zuschauern des Hessischen Rundfunks unlängst zum schönsten Schloss des Landes gewählt wurde (▸ S. 123).

Über die Brücke in ein neues Leben? »Meine lieben Freunde«, richtete Jacob noch einmal das Wort an die Studenten; er wird gerührt gewesen sein. »Sie fassen noch alle die Verhältnisse des Lebens in Reinheit auf; Ihre Herzen sind noch empfänglicher für die Erkenntnis des Rechten. Bewahren Sie sich dieses einzig schöne Besitztum bis ins späte Alter, so werden Sie Ihr Leben in Frieden vollenden.« Dezember 1837 also, Jacob Grimm war fast 53 und im Stadi-

um fortgeschrittener Lebensweisheit angekommen. »Vergessen Sie mich nicht«, rief er seinen Studenten noch zu. »Niemals!« antworteten die im Chor, und als sie am Abend gemeinsam nach Göttingen zurückkehrten, wer weiß: Vielleicht war beim einen oder anderen ein Funke des freiheitlichen Geistes am Leben geblieben.
In Hannover aber steht heute das Standbild des Königs als stolzer Husar hoch zu Ross vor dem Hauptbahnhof. Man verabredet und trifft sich nach alter Tradition mit den zwei Worten »unterm Schwanz«, und auf dem Sockel steht die Widmung »Dem Landesvater sein treues Volk«. Spötter fragen, ob das ein hannöverscher Genitiv sein soll. Und wessen Herz eher für die hessischen Demokraten schlägt, der macht wohl eher einen Bogen darum.

SEHENSWERTES

Erlebnispark Ziegenhagen

Märchen- und Freizeitpark mit 30 Attraktionen und einem Streichelzoo.
Ziegenberg 3, 37217 Witzenhausen-Ziegenhagen • Tel. 0 55 45/2 46 • www.erlebnispark-ziegenhagen.de • April–Okt. 10–17, Mai–Aug. 10–18 Uhr, Mo und Fr Ruhetag, in den Ferien und an Feiertagen täglich

EINKEHREN

Gasthaus zur Krone

Jacob Grimm verbrachte bei seiner Flucht aus dem Königreich Hannover eine Nacht in der »Krone«, die um die Ecke des damals neu gebauten, sehenswerten Rathauses liegt. Spezialität des Hauses ist das Hessische Schmandschnitzel.
Kespermarkt 11, 37213 Witzenhausen • Tel. 0 55 42/50 02 13 • Do–Di 11–14, 17–22 Uhr, Mi Ruhetag

MERIAN-Tipp 8

GASTSTÄTTE UND CAFÉ HOF KINDERVATTER ▶ D1

Hier ist gut Kirschen essen: Eine Terrasse erstreckt sich inmitten der Plantagen – besonders verlockend während der Kirschblüte und wenn die Kirschen reif sind. Ein Kirschlehrpfad lädt ganzjährig zum Spazieren ein und informiert über alles Wissenswerte rund um die süßen Früchtchen.
Auf der roten Leithe 1, 37213 Witzenhausen • Tel. 0 55 42/26 20 • www.hof-kindervatter.de • Restaurant Di–So 12–21 Uhr

Hotel zur Warte

Das erste deutsche Froschmuseum (Di bis So 14–17 Uhr), Heubetten in der Märchenscheune. Die »Dohrenbacher Frösche«, wie die Bewohner des Stadtteils seit jeher genannt werden, sind dem Märchen »Froschkönig« besonders verbunden. Natürlich gibt es einen gekrönten Amtsinhaber.
Warteweg 1, 37216 Witzenhausen-Dohrenbach • Tel. 0 55 42/30 90 • www.hotelzurwarte.de

SERVICE

AUSKUNFT

Touristinformation Witzenhausen

Ermschwerder Str. 2, 37213 Witzenhausen • Tel. 0 55 42/6 00 10 • www.kirschenland.de • Mo 10–16, Di–Fr 9–17 Uhr

Der Kaufunger Wald ▶ D1

Der Weg nach Kassel verlief durch den Kaufunger Wald. Vielleicht war Jacob Grimm ja zu verletzt durch die Ereignisse in Göttingen, um auf seiner schmachvollen Reise die Landschaft entlang der Straße überhaupt wahrzunehmen. Vielleicht aber empfand er beim Blick aus der Kutsche auch so etwas wie Trost: Die Gegend war ihm vertraut, sie war seine Heimat. Sie war Märchenland.

Heute ist der Wald mit dem bergigen Gebiet des Meißners geschützt als »Naturpark Meißner-Kaufunger Wald« – waldiges, auffallend vielschichtiges Land, bis zu 754 m hoch, grün und still, doch voller Zeugnisse gelebten Lebens, von Witzenhausen im Norden bis Waldkappel im Süden, von Kassel im Westen bis an die Werra bei Bad Sooden-Allendorf.

Die Wälder und Schluchten, Wiesen und Seen hier erzählen, ähnlich wie im Reinhardswald, Geschichte aus vielen Hundert Jahren – von uralten Mythen aus der Ära lange vor der Christianisierung und vom harten Leben, das Bauern und Bergarbeiter hier noch zu Zeiten der Brüder Grimm und danach fristeten: Der Naturpark ist ein Ort, den die Natur sich zurückerobert hat. Die Anwesenheit des Menschen aber hat hier ganz eigene Formationen erzeugt.

Balance von Mensch und Natur

Wanderwege erschließen das Land, oft mühsam gehauene, uralte Pfade derer, die hier geschuftet haben. Braunkohle haben sie abgebaut, an manchen Stellen haben sich die Löcher mit Wasser gefüllt und in stille Teiche verwandelt. Aus schrundigen Hängen quillt stinkender Qualm von Kohle, die sich tief unter der Erde selbst entzündet hat. Seit 400 Jahren ziehen die Schwaden durch den Wald. Wo der giftige Nebel zu dicht wird, sind Areale abgesperrt. Eine steile Felsklippe auf der 720 m hohen Kalbe, der zweithöchsten Erhebung der Region, sollte einst mit Tauen festgehalten werden, um auf unterhöhltem Gelände nicht den Halt zu verlieren. Die Spuren der Trossen haben sich in den Fels eingeschnitten: Menschenwerk.

Der Blick von oben ist grandios. An sumpfigen Stellen wächst Wollgras, auf manchen Wiesen blühen Orchideen, die den besonderen Boden hier brauchen. Auf der Wacholderheide haben Generationen von Schafen nur das struppige Kraut überleben lassen. Auch heute ziehen Schafherden über die Kuppen. Sie halten das Biotop in jenem Gleichgewicht, das sich in Jahrhunderten von Besiedlung, Eroberung, Ausbeutung und Rückeroberung eingependelt hat.

Die Naturparkküche bietet Grillteller mit Wild und Lamm aus der Region, in der Jausenstation Weißenbach wird Ahle Wurscht, die typisch nordhessische Hartwurst, nach altem Rezept mit Zutaten aus eigener Produktion zubereitet. Pflege durch Nutzung: So vieles hier lässt sich durch Geschichte erklären. Der Wald ist ein einziges Heimatmuseum.

Und so vieles bleibt Geheimnis. Wer sich einer geführten Wanderung anschließt, der hört von den Geschichten, die wie Nebelschwaden durch den Wald ziehen. An einer Stelle heißt es etwa, zwischen den kantig aus dem Boden ragenden Felsen würden zänkische Mädchen in Katzen verwandelt. So mancher Waldgeist wurde wohl auch als Erziehungshelfer angerufen.

Der Hausberg von Frau Holle

Und Frau Holle beherrscht das Terrain. Seit alters her gilt der kleine, von dichtem Grün eingefasste Teich an der Flanke des Meißners als magischer Ort. Mittelalterliches Gerät und römische Münzen wurden in der Nähe gefunden, Archäologen stießen gar auf Spuren, die auf eine Kultstätte aus der Steinzeit schließen lassen. Einen Opferplatz womöglich. Und die Brüder Grimm bargen aus dem unergründlichen Wasser einen Sagenschatz, dessen Heldin die Sehnsüchte, Träume und Ängste aus einer kaum fassbaren Tiefe von Kulturen und Zeiten in sich vereint: Schicksalsgöttin und Helferin, Norne und Fee, Urmutter, Hexe und Freundin in der Not. »Von dieser Holle erzählt das Volk vielerlei, Gutes und Böses«, berichten die Brüder in ihrer Sammlung von Sagen. »Weiber, die zu ihr in den Brunnen steigen, macht sie gesund und fruchtbar. Blumen, Obst, Kuchen, das sie unten im Teiche hat und was in ihrem unvergleichlichen Garten wächst, teilt sie denen aus, die ihr begegnen und zu gefallen wissen. Faulenzerinnen zieht sie die Bettdecken ab und legt sie nackend aufs Steinpflaster; Fleißige, die schon frühmorgens das Wasser zur Küche tragen in reingescheuerten Eimern, finden Silbergroschen darin.«

Ein vielschichtiges Wesen

Besucher des Naturparks können der Sagengestalt begegnen; es braucht dazu drei Darstellerinnen in drei verschiedenen Rollen: die mütterliche Frau Holle, die Fruchtbarkeit spendende Erdmutter und die Kriegerin, deren Vorbild in alten Zeiten möglicherweise die römische Jagdgöttin Diana war. Ein harmloser Spaß für Touristen vielleicht – aber er belegt die Vielschichtigkeit der Mythologie. Ob aber die 3,5 m große Holzfigur einer Frau Holle alledem gerecht wird, die der in Witzenhausen lebende Bildhauer Viktor Don-

Frau Holle im geheimnisvollen Nebel am Frau-Holle-Teich: die ideale Märchenatmosphäre für die hölzerne Statue von Viktor Donhauser (▸ S. 119).

hauser 2004 am Frau-Holle-Teich aufgestellt hat? Entscheiden Sie selbst! Im Schilf quakt die gemeine Geburtshelferkröte. Eine Frau wirft heimlich eine Münze ins Wasser. Und Sonntagskinder hören manchmal ein silbernes Glöckchen läuten.

Frau Holle hat sich nicht abschrecken lassen. Im Frühjahr segnet sie die Fluren, klopft als langnasige Alte an die Türen der Umgebung, um Demut und Barmherzigkeit der Menschen auf die Probe zu stellen, und verlockt in stiller Mittagsstunde als badende Venus die Männer. Sie sammelt die Seelen der Toten und lässt sie als neugeborene Kinder aus ihrem Teich steigen. Sie unterstützt fleißige Spinnerinnen bei der Arbeit und verwandelt auf den Wiesen ringsum trunksüchtige Kerle in blökende Kälber. Und ob in Großalmerode oder Bad Sooden-Allendorf: Überall finden sich Hausfrauen, die im Interesse des Fremdenverkehrs und der Brauchtumspflege ihre Kissen aus den Fenstern schütteln, bis die Federn fliegen. Wenn Frau Holle das tut, so heißt es ja bei den Brüdern Grimm, dann schneit es auf der Erde.

Der Hohe Meißner ▸ D2

Ob der Meißner nun aber wirklich »Weißner« hieß, weil er als höchste Erhebung im Umkreis noch seine Schneekuppe trägt, wenn in den Tälern schon der Frühling beginnt? Möglich ist es. Die Experten debattieren noch. Auch das Wort »Wiese« käme als Wurzel in Betracht. Fest steht jedoch, dass der Besatzungskönig Jérôme Bonaparte den Berg – ganz charmant eigentlich – den »hessischen Montblanc« nannte, den weißen Berg. Weil der kleine Bruder Napoleons als »König Lustik« in seinen sechs Jahren als Herrscher des Königreiches Westfalen einfach zu beschäftigt war, um Deutsch zu lernen, die Sprache seiner Untertanen.

Die Freideutsche Jugend

Hundert Jahre später wurde der Hohe Meißner zum Symbol des Protests. Am 11. und 12. Oktober 1913 trafen sich auf einer der Bergwiesen, der Hausener Hute, ein paar Tausend Studenten, Reformpädagogen, Pfadfinder, Poeten, Naturfreunde, Alkoholgegner und Wandervögel zu einem »Fest der Jugend«, offiziell: dem »Ersten Freideutschen Jugendtag«. Es war eine große, friedliche Demonstration für den Frieden und ein Leben im Einklang mit der Natur. Dem Männlichkeitskult der Zeit von Wilhelm II. setzten sie Lieder zur Klampfe und das Gemeinschaftserlebnis im Freien entgegen; sie fürchteten und verachteten die martialischen Riten studentischer Burschenschaften, die besinnungslose Aufrüstungspolitik des deutschen Kaisers und das bedrohliche Säbelrasseln zum Jahrestag der Völkerschlacht bei Leipzig, in der Napoleon im Oktober 1813 in die Flucht geschlagen worden war.

Als Bewegung sollten sie schon bald wieder am Ende sein: Der Weltkrieg stand vor der Tür, wieder sollte es gegen Frankreich gehen. Da war nichts mehr zu verhindern, schon gar nicht durch Gesang und freie Liebe. Und doch sollten die zwei Tage auf dem Meißner vielen aus ihrer Generation einen Weg als Dichter, Politiker, Geistliche oder Lehrer weisen. Walter Benjamin und Manfred Hausmann waren dabei, Friedrich Naumann, Adolf Grimme, Alfred Toepfer, Knud Ahlborn, Gustav Wyneken, Paul Natorp. Sie nahmen in Kauf, mit ihrem friedlichen Treffen im Grünen als naive Spinner verspottet zu werden, als Vegetarier und Sonnenanbeter, als Spiritisten, Nudisten und Pazifisten. »Die Freideutsche Jugend will aus eigener Bestimmung, vor eigener Verantwortung, mit innerer Wahrhaftigkeit ihr Leben gestalten«, schrieben sie sich zum Abschied in ihr Manifest – die berühmte Meißner-Formel. Es standen Zeiten bevor, in denen eigene Bestimmung und Wahrhaftigkeit keine allzu große Rolle mehr spielten. Aber manch einem von ihnen gelang es, die Idee des Friedens auch über zwei Weltkriege hinwegzuretten.

MERIAN-Tipp 9

JAUSENSTATION WEISSENBACH ▸ D2

Beliebtes Ausflugsziel am Fuße des Hohen Meißners mit eigener Käserei, Bäckerei und Schlachterei – wie zu Urgroßmutters Zeiten. Hier kommen althergebrachte Rezepte aus den ökologischen Produkten der Region genauso auf den gedeckten Tisch wie märchenhafte Köstlichkeiten, etwa »Frau Holles Schneeballtorte«. Hausgemachte Edelsülze und Ahle Wurscht gibt es auch zum Mitnehmen.
Weißenbachstr. 1, 37247 Großalmerode-Weißenbach • Tel. 0 56 04/ 67 49 • www.jausenstation.de • Mo, Mi, Fr, So 12–21, Sa ab 12 Uhr, Di nur Gruppen

SEHENSWERTES

Bergwildpark Meißner ▸ D2

Hier sind fast alle heimischen Wildtiere zu sehen, das Rot-, Reh- und Muffelwild läuft frei herum. Einkehrmöglichkeit in der Wildparkstube (Kuchen, Hausmacher Wurst). Am Wochenende wird gegrillt!
Am Wildpark 1, 37290 Meißner • Tel. 0 56 57/75 91 • www.bergwildpark-meissner.de • Nov., Jan.–März Sa/So 10–17, April–Okt. Di–So 10–18 Uhr, Dez. geschl., in den hessischen Sommer- und Winterferien tgl. geöffnet • Flugvorführungen der Falknerei April–Okt. Di–So 11 und 15 Uhr

GrimmSteig ▸ D1/2

Mit den Märchen auf Wanderschaft gehen: Auf fünf genussvollen Tagesetappen geht es auf insgesamt 77 km durch fünf Gemeinden im Naturpark Meißner-Kaufunger Wald (Helsa, Hessisch Lichtenau, Kaufungen, Nieste, Söhrewald). Der GrimmSteig wurde 2012 als Qualitätsweg Wanderbares Deutschland prämiert und führt zu den märchenhaften Schauplätzen im Kasseler Osten. Alle Etappen sind gut mit dem öffentlichen Nahverkehr erreichbar.
Infos & Buchung: Touristische Arbeitsgemeinschaft Märchenland der Brüder Grimm, c/o Gemeinde Nieste, Wilhelm-Heitmann-Platz 3, 34329 Nieste • Tel. 0 56 05/94 41-20, -21 • www.grimmsteig.de oder Wanderschule Nieste • Tel. 0 56 05/92 52 18 • www.wanderschule-nieste.de

EINKEHREN

Berggasthof Hoher Meißner ▸ D2

Auch hier: Brotzeiten mit selbstverständlich Ahler Wurscht, aber auch leckere Wild-, Lamm- und Fischgerichte. Unter den vier Gasträumen ist ein Frau-Holle-Zimmer. Gigantisch der Ausblick bis nach Kassel.
Hoher Meißner 1, 37235 Hessisch Lichtenau • Tel. 0 56 02/24 09 • www.berggasthof-hoher-meissner.de •

Burg Ludwigstein bei Witzenhausen im Werratal. Jugendburg, Begegnungsstätte, Herberge und Sitz des Archivs der Deutschen Jugendbewegung (► S. 122).

April–Okt. Di–So ab 11, Nov.–März Sa/So und feiertags und während der hessischen Schulferien ab 11 Uhr

SERVICE

AUSKUNFT

Naturpark Meißner-Kaufunger Wald

Informationen zu den Winter- und Wandersportmöglichkeiten auf dem Hausberg von Frau Holle, mit 754 m Nordhessens höchster Erhebung.
Tel. 0 56 51/95 21 25 •
www.naturpark-mkw.de

Die Jugendburg Ludwigstein

Was die jungen Leute auf den Hohen Meißner lockte, war eine Natur, die üppig und stark war und doch von einer tiefen Geschichte geprägt und ahnbar durchzogen von Mythen und Geheimnissen. Christian Schneehagen, ein Student aus Barsinghausen bei Hannover, hatte den Ort vorgeschlagen. Heute führt ein nach ihm benannter Wanderpfad von Burg Ludwigstein hinauf zum Meißner – ein Weg der Erinnerung an eine Idee, die wohl viele Jahre zu spät kam, um

das doppelte Unglück zweier Weltkriege noch zu verhindern. Schneehagen selbst fiel 26-jährig im April 1918 an der Westfront in Flandern.
Oder kam die Idee der Jugendbewegung doch noch zum rechten Zeitpunkt? Burg Ludwigstein, Amtssitz über das Amt Witzenhausen und das hessische Werragebiet seit dem Jahr 1416, ist heute eine Begegnungsstätte für junge Leute, Bildungszentrum, Ausflugsziel, Jugendherberge und Dokumentationsstätte für die Geschichte der Jugendbewegung. Vom Treffen auf dem Meißner ist hier zu hören, vom Schicksal der bündischen Bewegung in Zeiten der aufkommenden Hitler-Jugend, von den frevelhaften Mechanismen der Verfolgung und Verlockung, vom Widerstand der »Edelweißpiraten« und dem heroischen Kampf der Geschwister Hans und Sophie Scholl und der »Weißen Rose«. Manchmal treffen Schulklassen hier auf Großeltern, denen die Augen leuchten.

SEHENSWERTES

Stiftung Jugendburg Ludwigstein

Burgherberge, Zeltplatz, Schwimmbad, Sauna, Burgkiosk. Führungen »Spuk um die Burg« (Termine auf Anfrage) und Führungen zur Burggeschichte April–Nov. So 13, 14 und 15 Uhr und nach Vereinbarung. Burg Ludwigstein bildet mit der schon in Thüringen gelegenen Burg Hanstein den berühmten Zwei-Burgen-Blick. »Die Geschichte der Jugendburg Ludwigstein«, findet als Dauerausstellung im Archiv der deutschen Jugendbewegung statt (Mo–Fr 8.15–12.15 Uhr, Eintritt frei).

Burg Ludwigstein, 37214 Witzenhausen • Tel. 0 55 42/50 17 10 (Burgbüro) • www.burgludwigstein.de

Schloss Berlepsch ▸ D1

Mit Schloss Berlepsch aber hatte keiner gerechnet. Auch Floria Prinzessin von Hessen stutzte einen Moment, als sie erfuhr, dass nicht etwa das prachtvolle Schloss Wilhelmshöhe in Kassel von den Zuschauern des Hessischen Rundfunks zum schönsten Schloss in Hessen erkoren worden war. Auch nicht Erbach, Waldeck oder Wilhelmsthal. Oder das atemberaubende Barockensemble der Fasanerie in Eichenzell bei Fulda, in dem die dortigen Fürstbischöfe ihre Sommer in einer Umgebung verbrachten, die eines Sonnenkönigs würdig gewesen wäre – nein: Ein kleines, eher wohnliches als repräsentatives Anwesen bei Witzenhausen im nördlichsten Zipfel des Landes und beinahe schon in Niedersachsen wurde erkoren, das schönste aller hessischen Schlösser zu sein. Die Prinzessin, wie gesagt, als prominente und sachkundige Kommentatorin stutzte. Vor laufender Kamera. Dann klatschte sie in die Hände. Nun ließe sich einwenden, um diesen Sieg des Gemütlichen über das Herrschaftliche zu erklären, hier habe eben das einfache Volk abgestimmt, zumal das der Fernsehzuschauer. Aber das wäre eine beinahe schon aristokratische Arroganz, und damit ist der Adel bekanntlich nicht weit gekommen.
Nein, Schloss Berlepsch, im 14. Jh. errichtet, zerstört, neu aufgebaut, von General Tillys marodierenden Truppen im Dreißigjährigen Krieg niedergebrannt, dann von Wallenstein noch weiter verwüstet, wiederum neu aufgebaut, 1801 von Goethe höchstpersönlich besucht, später als Kulisse für »Edgar Wallace« und Ulkfilme mit Heinz Erhardt hergerichtet, dann wegen sei-

ner erhabenen Abgeschiedenheit als Meditationszentrum der Sannyasin und Anhänger des Bhagwan hoch geschätzt, schließlich ausgebaut zum Ausflugsziel mit Hofkonzert, Mittelalterbuffet, Tagungssälen und Pfälzer Wein. Dieses landeshistorische Kleinod hat einfach alles, was zum Traumbild eines Schlosses gehört. Vielleicht fehlt noch ein Schlossgeist, ansonsten greift alles ineinander und vereint sich zu schönster Harmonie: Türme und Zinnen, Schlosshof und Auffahrt, finstere Verliese und ein weiter Panoramablick auf das umliegende Land. Und zu alledem eine bewegte Geschichte: Wallenstein und Goethe, Heinz Erhardt und der bärtige Guru aus Indien. Potzblitz, das ist Stoff, der sich erzählen lässt!

SEHENSWERTES

Schloss Berlepsch

Das Märchenschloss schlechthin – mit Frühlingsfest, Falknerei und diversen Veranstaltungen. Schlossherr Fabian Sittich Freiherr von Berlepsch bewahrt in der 20. Generation das mitten im Wald gelegene Kleinod, das früher dem Schutz der Hessen vor den Niedersachsen diente. In der »Schlosstaverne« wird im historischen Gewölbekeller eine preiswerte mittelalterliche Küche auch für Vegetarier angeboten (Mi–So und feiertags 12–21 Uhr, So und feiertags 11.30–15.30 Uhr Bufett). In der »Berlepscher Tafelrunde« im Festsaal stehen ganze Mittelalter-Menüs mit Met als Aperitif auf der Speisekarte (Mi–So und feiertags 12–14.30, 17–21 Uhr). Die Pfründe im »Schlosscafé« heißen Witzenhäuser Kirschkuchen, Berlepscher Apfelkuchen und Original Frankfurter Kranz (Mi–So und feiertags 12–21 Uhr).
37218 Witzenhausen • Tel. 0 55 42/ 50 70 10 • www.schlossberlepsch.de

Hessens Märchenkapital

Geschichten sind die Münze, mit der gezahlt wird. Ob es sich nun um Finanzdienstleistungen handelt, um Kosmetikartikel, um Jubiläumsausgaben von Märchenbüchern oder um die Kunst auf der documenta. Heute weiß das jeder Marketinglehrer an der European Business School in Oestrich-Winkel. Aber eingeführt und populär gemacht haben diese Währung die Brüder Grimm. Das Kapital, das sie ihrer Heimat hinterlassen haben, umfasst mehr als 200 Märchen und beinahe dreimal so vielen Sagen. Und alle kommen aus Hessen. Oder sind von den klugen Redakteuren in ihrem Ton, in Besetzung und Ausstattung so eng an die Landschaft, das Klima und die Verhältnisse des Landes herangeschrieben worden, dass Frau Holle aus einem Fachwerkhaus der pittoresken Innenstadt schauen könnte und niemand sich darüber wundern würde.

Kirschenkulturen und Weinbau

Natürlich liegt kein Wein aus Witzenhausen im Keller von Schloss Berlepsch. Wir sind doch nicht blöd. So sauer soll das Gesöff vom Weinberg in der Werrakurve gewesen sein, dass es immer drei Mann brauchte, um davon zu trinken: einen, der festhält, einen, der einflößt, und einen, der das Martyrium über sich ergehen lässt. Die Geschichte wird in der Gegend gern erzählt. Dass eine Gruppe Unverzagter den schon im Jahr 1226 urkundlich erwähnten Berg seit ein paar Jahren wieder für den Weinbau nutzt, ist dann vielleicht eher mit hessischem Humor zu erklären.

Oder mit Trotz: Wie viel nachdrücklicher ließe sich niedersächsischen Nachbarn demonstrieren, dass selbst der nördlichste Zipfel von Hessen schon zum sonnigen Süden gehört?
Unbestritten aber ist, dass Witzenhausen die Stadt der Kirschen ist; die Umgebung gilt als größtes geschlossenes Anbaugebiet in Europa. Es gibt eine Kirschenkönigin und ein sommerliches Kirschenfest, die Kesperkirmes. Und wenn im Frühjahr Tausende von Bäumen blühen, dann wogt ein Meer von Blüten um die Stadt, wie es nirgendwo sonst zu erleben ist. Kein Zufall, dass der Fachbereich 11 der Universität Kassel in Witzenhausen angesiedelt wurde: Die Stadt ist damit der einzige Ort in Deutschland, an dem Ökologische Agrarwissenschaften gelehrt werden. Sehr fortschrittlich. Und sehr zeitgemäß – weil sehr traditionsbewusst: Kirschen sind sensible Pflanzen. Sie brauchen eine intakte Natur.

Im Zeichen der Kirsche

Kann solche Erkenntnis eine Landschaft prägen? Es wäre ein schöner Gedanke. »Auf dieser lichten Aue soll mir eine Stadt entstehen«, rief Landgraf Heinrich I. im Jahr 1289. So wird es überliefert. Und es entstand **Hessisch Lichtenau**. Wieder so ein Schmuckstück, von denen einige den Wald und den Berg umgeben.
Lichtenau glänzt mit seiner vollständig erhaltenen Stadtmauer, der spätgotischen Stadtkirche und seiner Vielzahl von stolzen, kunstvoll gebauten Fachwerkhäusern. **Eschwege** an der Werra besticht mit seinem Landgrafenschloss im Renaissancestil, dem stolzen Fachwerk und der pittoresken Nähe zum Wasser.
Nieste, Helsa, Großalmerode: schönes Fachwerk, Hugenottentradition und eine stets fühlbare Verbundenheit zur welligen, waldigen und so lange schon bewohnten und belebten Landschaft. In **Großalmerode**

Schloss Berlepsch bei Witzenhausen wurde von den Hörern des Hessischen Rundfunks zum schönsten Schloss Hessens gekürt – eine gute Wahl. (▸ S. 123).

wurde Wilhelm Grimm konfirmiert. Eine Tafel am Seiteneingang der Kirche erinnert an diesen 13. April 1800 und an den Pfarrer Martin Philipp Koppen, der die Einsegnung vornahm, einen Cousin der Mutter Dorothea Grimm. Wer sich in die Vergangenheit zurückversetzen möchte, sollte vielleicht bedenken, dass nur der Turm des Gotteshauses wirklich alt ist – der Rest ist Spätgotik, architektonisch interessant, aber erbaut erst in den Jahren 1913 bis 1916.

MUSEEN

Holleum, Frau Holle Museum ▸ D2

Märchen- und Sagenfigur oder Naturgottheit? Mit Führung oder auf eigene Faust lohnt es sich, auf dem Frau-Holle-Rundweg tief in die Thematik einzutauchen und nebenbei die Stadtgeschichte zu erlaufen.

Im Alten Rathaus, Landgrafenstr. 17, 37235 Hessisch Lichtenau • So 15–17 Uhr • Information: Kultur, Tourismus und Stadtmarketing, 37235 Hessisch Lichtenau, Landgrafenstr. 52 • Tel. 0 56 02/80 71 47 • www.frau-holle-tor.de, www.hessisch-lichtenau.de

Eschweger Zinnfigurenkabinett ▸ E2

Kleine bemalte Figuren stellen die große Weltgeschichte nach.

In der Kemenate, Hospitalstr. 7, 37269 Eschwege • Tel. 0 56 51/33 19 85 • Mi, Sa/So 14–17 Uhr

EINKEHREN

Café im Brauhaus

Hausgemachte Torten, Kuchen, Pralinen und »Frau Holles Schokokissen«.

Burgstr. 30, 37235 Hessisch Lichtenau • Tel. 0 56 02/91 71 60 • www.cafe-im-brauhaus.de • Di–Fr 9–18, Sa 11–18, So 14–18 Uhr

SERVICE

AUSKUNFT

Tourist-Information Eschwege, Meinhard, Wanfried ▸ E2

Märchenhafte Tage: ob am weißen Sandstrand des Werratalsees, im Kanu auf dem Fluss oder bei einem Besuch des tausendjährigen Fachwerkstädtchens Eschwege.

Hospitalplatz 16, 37269 Eschwege • Tel. 0 56 51/33 19 85 • www.werratal-tourismus.de

Nentershausen ▸ D2

Aufenthaltsorte, Märchenorte: Im Süden des Naturparks erstreckt sich Nentershausen mit der Burg Tannenberg, im 14. Jh. das Lehen des Ritters Ludwig I. von Baumbach. Wilhelm Grimm und die damals 16-jährige Dorothea Wild besuchten den Gutshof der Familie von Baumbach Anfang 1812. Am Ofen in einem Gartenhaus erzählte dessen spätere Ehefrau dem Sammler die Märchen »Der singende Knochen«, »Die sechs Schwäne« und »Der Liebste Roland«. »Aus Niederhessen« oder »aus Hessen« gaben die Brüder Grimm später als Quellen an, vermerkten aber akribisch, auch im alten Schottland sei von einem singenden Knochen erzählt worden, auf den Färöer-Inseln, in Polen, Estland und Serbien. Und: »Auch die Betschuanas in Südafrika haben ein ähnliches Märchen.«
Nentershausen also im Fadenkreuz der Weltliteratur. Das Gartenhaus ist leider verschwunden, und die Tannenburg, nachdem sie in den Achtzigerjahren beinahe kaputt restauriert wurde, bietet heute Erlebnisgastronomie und mittelalterlichen Mummenschanz, während sich auf dem Gutshof Baumbach Ferien auf dem Lande machen lassen.

EINKEHREN

Gutshof Baumbach

Ferien auf dem Bauernhof: Gästewohnungen stehen im Herrenhaus und in der Remise aus dem 17. Jh. bereit. Auch Wilhelm Grimm war im Winter 1812 mit seiner späteren Ehefrau Dorothea Wild, die ihm hier drei Märchen erzählte, zu Gast.

Gutsstr. 8, 36214 Nentershausen • Tel. 0 66 27/5 53 • www.von-baumbach.de

Hotel Hohenhaus ▸ E2

Einsam zwischen Bad Hersfeld und Eisenach gelegen, führt ein Aufenthalt in diesem ehemaligen Rittergut garantiert zu einer Tiefenentspannung auf Feinschmeckerniveau. Mit Fahrradverleih, Kochschule, Picknickkörben. Partnerhotel »Perlen – die führenden Hotels in der Heimat der Brüder Grimm«.

Gut Hohenhaus, 37293 Herleshausen-Holzhausen • Tel. 0 56 54/98 70 • www.hohenhaus.de

Der Nachzügler aus Iba

Dortchen Grimm gehörte zu den fleißigsten Sammlerinnen. In der Friedrichshütte von Iba, einem Ortsteil von **Bebra**, wo ihr Schwager lebte, hörte sie noch 1851 das Märchen »Die klugen Leute« und brachte den skurrilen, herzhaften Schwank ihrem Mann nach Berlin. Der erkannte Ähnlichkeiten zu einem Stoff, den Hans Sachs schon im 16. Jh. in Nürnberg besungen hatte, notierte »aus Hessen« als Quelle und nahm das Märchen freudig in die Sammlung der »Kinder- und Hausmärchen« auf. Es erschien in der Ausgabe von 1857 und war das letzte, das aus mündlicher Überlieferung beigesteuert worden war.

EINKEHREN

Ausflugslokal Friedrichshütte ▸ D2

In der von Landgraf Friedrich 1730 ausgebauten Kupferschmelze werden zum Naturgenuss hessische Schmankerl serviert. 1837 hatte Hüttenleiter Wilhelm Fulda den Brüdern Grimm Asyl in der Friedrichshütte angeboten. Lediglich Dorothea Grimm kam mit den Kindern im Sommer 1840 für drei Wochen und auch in späteren Jahren gern zur Sommerfrische. Ihr Zimmer steht heute zur Übernachtung zur Verfügung.

Friedrichshütte 1, 36179 Bebra-Iba • Tel. 0 66 22/73 02 • www.friedrichshuette-iba.de • Mi, Do ab 14, Fr, Sa ab 13, So ab 10.30 Uhr

Bad Sooden-Allendorf

▸ D1

Fast jeder Ort der Region scheint aus einer reichen und lebendigen Vergangenheit eigene Geschichten hervorzubringen, fast jeder die Fantasie von Dichtern und Erzählern zu beflügeln. Bad Sooden-Allendorf mit seinen Salzquellen, die Karl der Große dem Kloster Fulda übertrug: ein Klein-Venedig am Ufer der Werra, ein Brunnen mit einer Linde, der einst den Dichter Wilhelm Müller (1794–1827) zu seinem Gedicht vom Lindenbaum inspiriert haben soll.

Müller war ein Poet und Gelehrter, im dicht geknüpften Netzwerk der Romantik und der politischen Opposition immer nur wenige Knoten von den Brüdern Grimm entfernt: Bibliothekar in Dessau, wackerer Demokrat in Zeiten des Vormärz, Freund der Grimm-Freunde Achim von Arnim und Clemens Brentano, Herausgeber, Autor und Philologe. Aus seinem Gedicht von der Linde wurde 1827 zur Melodie von Franz

Schubert eines der schönsten und populärsten Lieder der romantischen Epoche: »Am Brunnen vor dem Tore« aus dem Zyklus »Winterreise«.
Im Stadtteil Allendorf sind es wahre Prachtstücke hessischer Fachwerkbaukunst, die sich hier zu Ensembles von seltener Geschlossenheit fügen – weil kroatische Truppen im Dreißigjährigen Krieg die Stadt fast völlig zerstört hatten und alles neu aufgebaut werden musste. Neu, aber stets im Wissen um die eigene Geschichte, Tradition und Identität.

EINKEHREN

Klosterschänke

Malerisches Fachwerkensemble mit Straßencafé am Södertor in der Nachbarschaft des Kurparks und der WerratalTherme. Märchenhaft: der Frau-Holle-Teller. Gästezimmer.
Am Tor 3, 37242 Bad Sooden-Allendorf • Tel. 0 56 52/23 88 • www.klosterschaenke-bsa.de

FESTE UND EVENTS

Märchenwoche

Ab Ostersonntag steht Bad Sooden-Allendorf eine Woche lang ganz im Zeichen der Kinder- und Hausmärchen. Frau Holle schüttelt zusammen mit Pech- und Goldmarie jeden Tag um 15 Uhr die Betten am Södertor. Danach folgt ein buntes Programm mit Märchenerzählungen, Theateraufführungen und Wanderungen, z. B. zu Höhlen der Umgebung. Den Abschluss bildet der Festzug mit den Figuren der Deutschen Märchenstraße.
AG Märchenhaftes Bad Sooden-Allendorf e. V., Landgraf-Philipp-Platz 1–2, 37242 Bad Sooden-Allendorf • Tel. 0 56 52/9 58 71 01 bzw. 95 87-0 (Tourist-Info) • www.maerchenwoche.de

SPORT UND FREIZEIT

WerratalTherme

Relaxen mit der Naturkraft der Sole, neben und im historischen Gradier-

Wälder und Wiesen bei Nentershausen – früher nahe der Grenze, heute mitten in Deutschland. Die friedliche Abgeschiedenheit ist geblieben. (▸ S. 126).

werk von 1638, das noch heute als Freiluftinhalatorium dient. Ein Teil der Saunalandschaft ist direkt integriert. Besonderheit: die Totes-Meer-Salzgrotte mit extra Kindergrotte.

Am Gradierwerk 2 a, 37242 Bad Sooden-Allendorf • Tel. 0 56 52/95 87-70 • www.werrataltherme.com • tgl. 9.30–22.30, Fr bis 24 Uhr

Kaufungen

▸ D1

Die Gemeinde Kaufungen besitzt sogar eine Heilige. Sie heißt Kunigunde von Luxemburg und war als Gattin von Heinrich II. Kaiserin des Heiligen Römischen Reiches. Heinrich hatte ihr im Jahr 1008 den von Kassel nach Kaufungen verlegten Königshof zum Geschenk gemacht. Neun Jahre später, nachdem sie von einer schweren Krankheit genesen war, gründete Kunigunde dort ein Benediktinerinnenkloster. Die Ehe des Kaiserpaars blieb kinderlos; es heißt, die Eheleute hätten keusch gelebt. Aus frommer Überzeugung heraus.

Heinrich II. war also der letzte der Ottonen. Nach seinem Tod am 13. Juni 1024 trat die Witwe noch am selben Tag als Braut Christi in das Kloster ein, und die Stiftskirche zum Heiligen Kreuz wurde im Jahr darauf geweiht. Kunigunde lebte in der Abtei bis 1033. Im Jahr 1200 sprach Papst Innozenz III. die Kaiserin heilig, die sich einem Gottesurteil nach der Anschuldigung wegen Ehebruchs gestellt hatte und zum Beweis ihrer Jungfräulichkeit barfuß ganze 15 Schritte über glühende Pflugscharen gegangen war, ohne sich zu verletzen. Begraben liegt die gottgefällige Kaiserin im Dom zu Bamberg, ihr Bildnis zeigt eine schöne, in sich gekehrte Frau, die in einem tiefen inneren Frieden zu leben scheint.

Ein neuer Lebensabschnitt

Jacob Grimm kehrte zu Weihnachten 1837 in gedrückter Stimmung heim nach Kassel. Zwar hatten die Studenten an der Werrabrücke in Witzenhausen ihm zugejubelt, zwar kam er unter bei seinem Bruder Ludwig Emil und seiner Familie an der Bellevue Nr. 6. Aber Wilhelm sollte erst später folgen, die Wohnverhältnisse inmitten der ihm doch wenig vertrauten Familie waren beengt. Der Blick aus seinem Fenster ging nun nicht mehr über die Karlsaue bis an den Horizont, sondern endete in einem dunklen Hinterhof.

Die Kurfürstin hieß ihn herzlich willkommen; es war ja eine alte und gewachsene Freundschaft. Mag sein, dass sie auch eine gewisse Sympathie für den obrigkeitskritischen Auftritt der »Göttinger Sieben« empfand. Die Sache hatte Furore gemacht. Überall wurden politische Vereine gegründet, die Rebellen als Helden gefeiert; man schmückte sich mit ihnen. Geld wurde gesammelt, um die aus ihrem Dienst verjagten Professoren zu unterstützen; ein Lehrer verzichtete auf das Schulgeld für einen der Söhne Wilhelms. Sie bekamen Rabatt. Und doch blieben die Brüder argwöhnisch, hielten Abstand. Sie wollten sich nicht vereinnahmen lassen, sondern ihre Arbeit tun. Aber wo?

In dieser Zeit, im Sommer 1838, wiederholten Salomon Hirzel und Karl Reimer aus Leipzig ein Angebot, das sie und andere Verleger schon früher vorsichtig an die Brüder herangetragen hatten, ohne jedoch auf allzu große Gegenliebe zu stoßen. Nun aber waren Jacob und Wilhelm Grimm bereit: Das große Wörterbuch der deutschen Sprache sollte zur Lebensaufgabe ihrer späteren Jahre werden.

TOUR 8

Frankfurt und Darmstadt

Als 1848 in der Mainstadt die Nationalversammlung tagte, war Jacob Grimm mit von der Partie. Mit Darmstadt verbindet sich der Name des Dichters und Dramatikers Georg Büchner.

◂ The Squaire heißt das 660 m lange Gebäude über dem ICE-Bahnhof am Flughafen Frankfurt.

Frankfurt am Main ▸ B5

Sie glotzen. Sie stieren und stampfen, trotten voran, ohne Sinn und Ziel. Und was sich ihnen in den Weg stellt – sie trampeln über alles hinweg: über arbeitendes Volk, kindliche Anarchie, deutsche Ideale, schutzbedürftige Mütterlichkeit. Die da stampfen, sind unsere Volksvertreter. Und weil sich der Berliner Maler Johannes Grützke gerne mal ein bisschen naiv stellt (was in Wirklichkeit sehr schlau sein kann), hat er den Begriff wortwörtlich genommen: Nur Menschen aus dem Volk können in einer Demokratie das Volk vertreten. Die simple Erkenntnis verursacht in schöner Regelmäßigkeit Qualen – wenn nämlich wieder mal alle sich fragen, wie denn wohl ausgerechnet dieser Präsident, Kanzler, Minister oder Bürgermeister ins Amt kommen konnte. Ganz einfach: Das sind wir selbst. Volksvertreter sind authentische Abbilder des Volkes. Einer wie Grützke wundert sich schon lange nicht mehr.

Deshalb auch hat der Maler das Volk auf seinen Gemäldefries im Foyer der Frankfurter Paulskirche gemalt. Ganze 3 m hoch, 32 m lang, in einem geschlossenem Endlosband um die Außenwand eines ovalen Raumes im Erdgeschoss. Die Volksvertreter trotten also – sehr symbolträchtig – im Kreis herum, ohne Geschichte, ohne Ziel, von keinem Punkt des Raumes vollständig zu erfassen. 14 Säulen stehen ringsum wie die 14 Stationen eines Kreuzwegs. Und der Maler nahm seine Begriffsklauberei ernst: Mancher, der die Nase zur Tür seines Ateliers hereinsteckte, während er die Entwürfe skizzierte, konnte sich später als Volksvertreter auf dem fertigen Wandbild wiederfinden: sein Galerist, der Briefträger, ein Kollege. Überhaupt: Verblüffende Ähnlichkeiten sind in der stumpf einhertrottenden Schar auszumachen. Könnte das nicht Michail Gorbatschow sein? Richard von Weizsäcker, der damals, als das Wandbild entstand, 1991, das Volk als Bundespräsident vertrat? Bismarck? Der Kaiser? Der bleiche Leichnam des Robert Blum, der in Wien füsiliert wurde? Ein Parlamentarier, der sein Feuer für die Demokratie im Revolutionsjahr 1848 mit dem Leben bezahlen musste. Das wäre doch sehr beziehungsreich.

Der Künstler, spitzbübisch veranlagt, verweigert jegliche Auskunft. Jeder könnte auf dem Bild sein; die Gleichung ist ja bekannt: Die Volksvertreter sind das Volk, also prinzipiell jeder. Nebenbei fällt auf, dass fast jedes Gesicht irgendwie auch die Züge von Johannes Grützke selbst trägt.

Ein Haus aller Deutschen

Es ist schon ein sehr skeptisches, ironisches Bild, das da unter dem Plenarsaal der Paulskirche zu umrunden ist. Aber Kritik, Spott, Zweifel, sogar Hohn: Eine Demokratie verkraftet so etwas. Die Umgebung des Gemäldes verstärkt das Signal noch, denn die Paulskirche ist ja viel mehr als nur ein nationales Denkmal für die Freiheit. Immer wieder ist sie nach schlimmen Zeiten neu auferstanden als Stätte der aktiven Auseinandersetzung. Große Reden werden hier gehalten, wichtige Preise hier verliehen, etwa der Friedenspreis des Deutschen Buchhandels. Die Paulskirche ist der Ort der politischen Selbstbesinnung. Wir sind das Volk.

Auch für die Grimms war Frankfurt eine quirlige und anstrengende Großstadt – würde es ihnen beim Bild der heutigen Skyline die Sprache verschlagen?

Jacob Grimm war als Volksvertreter dabei, als das erste demokratische Parlament auf deutschem Boden am 18. Mai 1848 hier feierlich einzog. Zwei Monate zuvor noch, am 18. März, hatte König Wilhelm IV. in Berlin das demonstrierende Volk niederkartätschen lassen – um tags darauf seinen Hut in theatralischer Betroffenheit vor den »Märzgefallenen« zu ziehen. Mehr als 300 Tote! Es waren wirre, hitzige und traurige Zeiten. In Frankreich hatten sie ihren König Louis Philippe davongejagt, Metternich, der verhasste Verteidiger der Restauration, hatte sich nach England abgesetzt. Und Deutschland befand sich in Unruhe. Überdeutlich, dass hier etwas zu Ende ging. Alle wütende Gegenwehr schien es nur zu bestätigen. Reformer und Revolutionäre, Liberale, Demokraten, Republikaner – die Bürger sahen ihre Stunde gekommen. Würden sie sich untereinander einigen können?

Akademiker unter sich

Die Hoffnungen einer ganzen Nation auf Freiheit und Gleichheit und Selbstbestimmung lagen auf der Frankfurter Paulskirche. Auf den Volksvertretern also. »Nie gab es auf Erden ein gebildeteres Parlament«, schrieb der Historiker Golo Mann in Bewunderung, aber nicht ohne Skepsis. »Über hundert Professoren, über zweihundert gelehrte Juristen, dann Schriftsteller, Geistliche, Ärzte – kein Arbeiter. Viel Idealismus ist hier versammelt und darf laut werden, der in Metternichs Deutschland leise sein musste; viel Optimismus. Da man so schöne, große Ideen hat, so schätzt man wohl auch jene hoch, welche die Träger dieser Ideen sind, nämlich sich selber und die Versammlung, der man angehört.«
Und Heinrich August Winkler pflichtet ihm bei: »Mehr als alles andere eine Versammlung des gebildeten Bürgertums«, konstatiert der moder-

ne Geschichtsforscher trocken: »Von den 585 Mitgliedern, die ihr Mandat antraten, waren 550 Akademiker.« Selbstverliebte Schöngeister also und nicht wirklich bewandert im Geschäft der großen Politik? Dabei hatte die Aufgabe europäisches Ausmaß. Sie war wohl zu groß, die Betroffenen waren zu wankelmütig, die Positionen zu wenig kompromissfähig. Umsturz oder Reform? Großdeutsch oder kleindeutsch? Und unter wessen Leitung? Mit den Habsburgern oder ohne sie? Als der Präsident der Nationalversammlung, Eduard von Simson, Nachfolger des Hessen Heinrich von Gagern, im April 1849 endlich dem preußischen König die Kaiserwürde für ein geeintes Deutschland antragen konnte, hatte der es sich längst überlegt: Lieber wollte er König von Gottes Gnaden bleiben, als sich als Kaiser dem Willen des Volkes unterzuordnen.

Schier endlose Debatten

Für Jacob Grimm war der parlamentarische Alltag eine Qual, gegen die er sogar die Götter der Germanen anrief. »Wuotan und Donar« sollten über die Versammlung kommen, eiferte er im Brief an einen Freund und tobte dabei in der für ihn typischen Kleinschreibung: »die unsinnigen democraten achten weder götter noch göttersage und geschichte; sie möchten das ganze land aufreissen und den samen ihres unkrauts auswerfen.« Die endlosen Debatten um Formalia hielt er für Pedanterie. So hatte er es auch dem Parlament in einer seiner Reden vorgehalten. Ihm dagegen, dem inzwischen weißhaarigen Sprach- und Mythenforscher, ging es darum, die Identität der Nation zu definieren. Ganz grundsätzlich. »So plaudert der alte Herr vom Hundertsten ins Tausendste«, mäkelte da die »Rheinische Zeitung«, »und die Versammlung hängt an seinem Munde.« Der Redakteur des Blattes hieß übrigens Karl Marx.
Die Kritik war ungerecht, denn gerade im Grundsätzlichen lagen sowohl die Stärke jenes Mannes, der sein Leben lang gelesen, verglichen und studiert hatte, als auch der Zweck einer Volksvertreterversammlung in der Geburtsstunde der Demokratie. Und obwohl das Parlament damals Jacob Grimms Formulierung zum Artikel eins der Grundrechte ablehnte, hat seine Definition doch eine bis heute Ehrfurcht gebietende Wucht: »Das deutsche Volk ist ein Volk von Freien, und deutscher Boden duldet keine Knechtschaft. Fremde Unfreie, die auf ihm verweilen, macht er frei.« Zwei Jahrhundertwenden später, und der Satz hat immer noch nichts von seiner Brisanz verloren.
Seine grundsätzliche Position hatte Jacob Grimm zwei Jahre zuvor, ebenfalls in Frankfurt, auf dem ersten Germanistenkongress dargelegt – offensichtlich einem Terrain, auf dem er sich eher heimisch fühlen durfte. »Ein Volk ist der Inbegriff von Menschen, welche dieselbe Sprache reden«, erklärte er da in schöner, schnörkelloser Klarheit. Sprache ist Identität. Auch das ist das Vermächtnis der Brüder Grimm.

Spiritus rector der Sprache

Rund 200 Germanisten, bis dato Vertreter einer noch nicht definierten Zunft, waren im September 1846 im Frankfurter Römer zusammengekommen. Jacob und Wilhelm Grimm genossen längst Respekt genug unter den Kollegen, dass der Schwabe Ludwig Uhland unter Applaus und zur allgemeinen Zustimmung den älteren der Brüder als Vorsitzenden der Versammlung vorschlagen konnte – man kannte schließlich die Märchen und Sagen, die Schriften zur Geschichte des Rechts, die Deutsche Grammatik, die Forschungsarbeit in den Tiefen der Sprache für das große Wörterbuch. Jedes der Mammutwerke für sich ein Standard, alle zusammen umfassend genug, um das weite Terrain einer Wissenschaft abzustecken, die auf Sprache und Literatur beruhte und dabei mutig und potent genug war, sich auch in Geschichte und Politik zu Wort zu melden.

Ungenaue Wissenschaften

Politik auch in eigener Sache. »Männer von den Schweizerbergen bis zur Ostsee, von dem Rhein bis zur Oder« seien an den Recherchen beteiligt, berichtete Wilhelm Grimm über die Forschungsarbeiten am Wörterbuch. Damit warb er um Sympathie und Unterstützung für das Forschungsprojekt, steckte aber auch den Bereich ab, den er für eine deutsche Kultur reklamierte. Und Jacob sprach, grundsätzlich und programmatisch, »Über den werth der ungenauen wissenschaften« – Geschichte also oder Sprachforschung, die später sogenannten Geistes- in Abgrenzung zu den exakten Naturwissenschaften Chemie und Physik, zur Mathematik. Selbst die findende und formulierende Kraft der Poesie rief der Philologe seinen Zuhörern ins Gedächtnis, »die entweder keine Wissenschaft genannt werden darf oder aller Wissenschaften Wissenschaft heißen muss, weil sie gleich der leuchtenden Sonne in alle Verhältnisse des Menschen dringt«.

So schreibt man Wissenschaftsgeschichte! Zum Einstieg in eine ganz neue Disziplin, zur Begründung ihres Anspruchs auf Teilhabe an der Wirklichkeit und ihrer Gestaltung: ein Plädoyer für die Sprache. Mutig! Und die Kollegen im Saal durften feixen über einen, der das gemeinsame Selbstbewusstsein auch noch mit Polemik anfeuerte: »Ich darf auch fragen, ob einer unserer Naturforscher Deutschland jemals so aufgebaut hat, wie es Göthe und Schiller thaten?«

Seine Reden übrigens hielt Jacob Grimm von einem Rednerpult im Kaisersaal, das unterhalb des Porträts von Kaiser Maximilian I. (1459–1519) stand. Der Habsburger mit dem Beinamen »der letzte Ritter« liegt in der Hofkirche zu Innsbruck begraben. Sein gewaltiges Grabmal dort ist umgeben von 40 überlebensgroßen Bronzefiguren, darunter Mitglieder seiner Familie, politisch wichtige Vertreter anderer europäischer Dynastien und Figuren, die aus kaum noch ahnbaren Zeiten herüberstrahlten: der Kreuzfahrer Gottfried von Bouillon etwa, der erste christliche Frankenkönig Chlodwig oder Artus, sagenhafter König der sagenhaften Tafelrunde. Maximilian also ein Mann, der in den Tiefen der Geschichte gründelt, der Wahrheit auch im Mythos erkennt – ob der Präses des ersten Germanistenkongresses ein Wörtchen dabei mitgeredet hat, von wo aus er seine Ansprache an die Kollegen halten sollte?

Eine altvertraute Stadt

Die Brüder Grimm in Frankfurt. Wie in Hanau, wie in Kassel sind die meisten Orte verschwunden, an denen sie sich aufgehalten haben. Abgerissen wie das Gartenhaus in

der Bockenheimer Landstraße 12, in dem Jacob 1848 für fünf Monate abstieg, Monatsmiete 30 Gulden. Oder zerstört im Bombenkrieg.
Dabei war die Stadt ihnen vertraut. Schon als Kinder waren sie mit den Eltern hier gewesen, später waren es Freunde wie die Familie Brentano, in deren Häusern sie willkommen waren. Mit Gerhard Thomas, später Bürgermeister und Gründer des Frankfurter Kunstvereins, verband sie eine anhaltende Freundschaft; Wilhelm traf ihn etwa zur Kur in Wiesbaden, gemeinsam unternahmen sie Touren in den Rheingau, und gerne besuchten die Brüder seinen literarischen Salon, den »Freitagszirkel«, in Frankfurt.
Savigny, der Freiherr vom Stein, die Schriftsteller Joseph Görres und Ernst Moritz Arndt, die Kunstsammler Sulpiz und Melchior Boisserée, die ihre unschätzbare Kollektion alter Meister 1827 nach München an König Ludwig I. von Bayern verkauften – die Intelligenz der Stadt war dort versammelt. Wilhelm und Ludwig Emil Grimm trafen Goethe in Frankfurt, 1815. Und als Jacob und Wilhelm 1837 mit den »Göttinger Sieben« ganz plötzlich ohne Perspektive dastanden, da waren es hiesige Freunde, wie die Bankiersgattin Marianne von Willemer, die sie wenigstens finanziell großzügig unterstützten. Und doch, so Jacob Grimm: »Mir für meine Gemütsart ist Frankfurt zu voll, unruhig, reich.«

Als Kinder in der Metropole

Na, als Knaben hatten sie das anders gesehen! Jacob war 13, Wilhelm 12, als sie 1798 auf der Fahrt von Steinau nach Kassel morgens an der Poststation eintrafen. Der Großvater hatte für Quartier gesorgt, und die Jungen, wie Jacob artig an die Mutter schrieb,

Als die Nationalversammlung in der Paulskirche tagte, gehörte Jacob Grimm zu den Abgeordneten (▸ S. 131).

erlebten Großstadt: »Wir sahen uns ein wenig um und gingen hernach nach dem Hainerhoff, wo Hr. Oberpostmeister Rüppell wohnte er war aber nicht zu Haus, wir kamen aber um 12 Uhr wieder hin und setzten uns ein wenig vor das Posthaus, er kam hernach selbst und nahm uns mit hinauf um mit ihm zu essen und war recht höflich, dann trunken wir mit ihm Caffe und er nahm uns nach diesem mit und ließ uns allerhand Thiere, Elephanten, Tiger, Papageyen, Affen und noch viele andere, die damals just in Frankfurt waren, sehen es kostete auch Geld, er bezahlte aber vor uns.«
Heute erinnert ein Postreiter aus Stein im wiederaufgebauten Hainerhof nahe dem Dom an die Poststation. Und die Tiere waren Attraktionen eines Wanderzirkus. Der heute berühmte Frankfurter Zoo, nota bene, wurde erst 1858 eröffnet.

SEHENSWERTES

Literaturhaus Frankfurt

In die klassizistische, erst kürzlich rekonstruierte Stadtbibliothek direkt am Main ist 1991 das Literaturhaus eingezogen. Autorenlesungen, literarische Events und Ausstellungen stehen auf dem Programm.

Schöne Aussicht 2 • 60311 Frankfurt am Main • Tel. 069/7561840 • www.literaturhaus-frankfurt.de • Restaurant Goldmund (Sommergarten) • Tel. 069/21085985 • www.gold-mund.de • Mo–Fr 12–24, Sa 18–24 Uhr

Paulskirche

Der klassizistische Rundbau ist ein Denkmal der Demokratie und Wiege des deutschen Parlamentarismus.

Paulsplatz 11, 60311 Frankfurt am Main • tgl. 10–17 Uhr • Eintritt frei

Römer

Seit dem Jahr 1405 werden hinter der schmucken Dreigiebelfassade ehemaliger Kaufmannshäuser am Römerberg die Stadtgeschäfte erledigt. Ein großer Saal dient für Feierlichkeiten; von 1612 bis 1792 traf man sich hier zum Festmahl nach den Kaiserkrönungen, die im nahen Dom St. Bartholomäus stattfanden. Im Kaisersaal wird auch heute noch der Staatsbesuch empfangen. Eine Abbildung der Goldenen Bulle sowie die umfangreichste Bildergalerie der Kaiser und Könige des Heiligen Römischen Reiches – von Karl dem Großen bis zu Franz II. – bezeugen die Bedeutung des Ortes.

Römerberg 27, 60311 Frankfurt am Main • Kaisersaal (Eingang Limpurgergasse) tgl. 10–13, 14–17 Uhr (außer bei Veranstaltungen, Info-Tel. 069/21234814) • Eintritt 2 €

MUSEEN

Caricatura Museum Frankfurt, Museum für komische Kunst

Den Zeichnern der Frankfurter Neuen Schule (F. K. Waechter, Chlodwig Poth, Greser & Lenz etc.) gewidmete Dauer- und Wechselausstellungen.

Weckmarkt 17, 60311 Frankfurt am Main • Tel. 069/21230161 • www.caricatura-museum.de • Di–So 10–18, Mi 10–21 Uhr

EINKEHREN

Café, Bar, Restaurant Margarete im Frankfurter Haus des Buches

Unweit von Römer, Paulskirche und Dom hat im Februar 2012 der Börsenverein des Deutschen Buchhandels das »Haus des Buches« bezogen. Mit dabei: die Margarete. Das hervorragende hausgemachte Müsli gibt es auch zum Mitnehmen!

Wahrzeichen Frankfurts und Symbol städtischen Selbsbewusstseins – der Römer mit seinen typischen Treppengiebelhäusern. (▸ S. 136).

Braubachstr. 18–22, 60311 Frankfurt am Main • Tel. 069/13066501 • www.margarete.eu • Café und Bar Mo–Fr ab 7.30, Sa/So ab 10, Restaurant tgl. 12–14.30 und ab 18 Uhr

Heimat, Essen & Weine

Das auch vom Feinschmecker empfohlene szenige Lokal residiert in einem Fünfzigerjahre-Kiosk gleich um die Ecke von Goethehaus und Paulskirche und bietet auf kleiner Karte großer Kochkunst.

Berliner Str. 70, 60311 Frankfurt am Main • Tel. 069/29725994 • www.heimat-frankfurt.com • tgl. ab 18 Uhr (Reserv. empfohlen)

Das Petrihaus in Rödelheim

Verschwunden sind die Stadthäuser der Familie Brentano, der Freunde um Gerhard Thomas – einzig das Petrihaus draußen in Rödelheim hat die Zeiten und den Bombenkrieg überstanden. Ein Schmuckstück im Grünen, heute ein Kulturzentrum, unmittelbar an der Nidda gelegen, das sich Georg Brentano, der mit den Bankgeschäften der Familie betraute ältere Bruder von Clemens und Bettine, 1819/1820 als Refugium hergerichtet hatte. »Es lag unter einer Platane nahe beim Niddawehr«, so Bettines Tochter Maximiliane, die von 1829 bis 1834 beim Onkel wohnte, »so dass man immer das sanfte Rauschen des Wasserfalls hörte. Das ganze Häuschen war von einem Balkon umgeben, der immer mit blühenden Pflanzen geschmückt war.«

Das Anwesen war später auch Zuflucht für Jacob Grimm, wenn es ihm im Paulskirchen-Parlament mal wieder zu bunt wurde. Oder eben nicht bunt genug. Auch seine Brüder Wilhelm und Ludwig Emil waren gerne im Petrihaus zu Besuch. Die Grimms waren stets willkommen.

MUSEEN

Petrihaus im Brentanopark

Brentano-Spaziergänge in die Romantik, Lesungen und Ausstellungen finden im Petrihaus und in der Parkanlage statt, in der sich die Töchter von Bettine Brentano wie »Märchenprinzessinnen« in einem »Zauberreich« gefühlt haben. Die ehemals von Georg Brentano genutzten Räume sind in ein kleines Brentanomuseum umgewandelt worden. Ein zehnminütiger Fußweg vom S-Bahnhof Rödelheim ist zum Petrihaus ausgeschildert.

FörderVerein PetriHaus e. V., Am Rödelheimer Wehr 15, 60489 Frankfurt-Rödelheim • Tel. 069/78078488 • www.petrihaus-frankfurt.de • Brentanomuseum Feb.–Nov. am letzten So im Monat 14–18 Uhr

EINKEHREN

Restaurant Villa Merton

Spektakuläre Nutzung der Ressourcen der Region: Hochdekoriert serviert Matthias Schmidt eine deutsch-hessische Nova-Regio-Küche.

Im Union International Club, Am Leonhardsbrunn 12, 60487 Frankfurt-Bockenheim • Tel. 069/703033 • www.koflerkompanie.com • Mo–Fr 12–14, 18–22 Uhr, Sa/So nach Absprache

Fortwährende Frustrationen

Irgendwann kam der Moment, an dem selbst Rödelheim nicht weit genug draußen lag. Jacob hatte einfach die Nase voll. In den Debatten um Schleswig-Holstein hatte er rigoros gefordert, »dasz der krieg gegen Dänemark so lange fortgeführt wird, bis diese krone unsere gerechten ansprüche auf ein unzertheilbares Schleswig anerkannt hat«. Die Auseinandersetzung war ideologisch delikat, denn Staatsrecht und Geschichte standen im Widerspruch. Welches war das höhere Gut? Für Jacob Grimm waren Geschichte und Sprache nun mal die Maßstäbe, an denen Politik sich zu orientieren hatte. Also Krieg! Dann aber beschloss Preußen einen Waffenstillstand, Schleswig kam zu Dänemark, und den Parlamentariern in Frankfurt blieb wenig anderes, als die Tatsachen abzunicken. Wieder einmal hatte die politische Wirklichkeit den Volksvertretern ihre Ohnmacht plastisch vor Augen geführt.

Das war der 16. September 1848. Am 17. schrieb der frustrierte Parlamentarier an seinen Bruder: »Ich kanns nicht aushalten über den winter noch hier zuzubringen, weil ich im grunde doch zu unbequem und unter den vielen menschen vereinsamt lebe.« Die Bronchien, die kriechende Kälte in der Kirche, die Sorge um die Lieben daheim – tausend Gründe fielen ihm ein, die Zelte abzubrechen und das Kapitel Frankfurt zu schließen. Am 18. September drängten sich zehn- oder zwanzigtausend empörte Demonstranten, um das Parlament zu stürmen. Das Militär schoss scharf in die Menge. Auch zwei der Abgeordneten kamen ums Leben.

Rückzug aus der Politik

Am 19. September 1848 schrieb Jacob Grimm an seinen Bruder, dass sich seine Abreise verzögern werde, weil die Tore wegen der fortdauernden Unruhen geschlossen seien. Am 21. September dann verließ er den Ort, an dem seine politischen Träume so hart mit der Wirklichkeit zusammengeprallt waren. Seine Rücktrittserklärung reichte er schon von Berlin aus nach, am 2. Oktober: »Die mir fühlbar gewordene Abnahme

meiner Gesundheit lässt bezweifeln, dass sie den Wintersitzungen in der Paulskirche gewachsen sein werde. Daher fasse ich, obwohl bewegten Herzens, den Entschluss, aus der Nationalversammlung auszutreten. Niemand wünscht sehnlicher als ich, dass es der Nationalversammlung gelinge, ihren hohen Beruf zu erfüllen.«
Vom November bis in den Januar zog das Parlament in die Deutschreformierte Kirche am Kornmarkt, eines der ersten Gebäude im Land mit einer Zentralheizung. Aber das machte nun auch keinen Unterschied mehr. Jacob Grimm war heimgekehrt zu seiner Wissenschaft. In die Studierstube, an die Seite seines Bruders. Seine Gesundheit blieb robust, und das Wörterbuch wartete schon.

Darmstadt und Goddelau

▸ B5/6

In Darmstadt, nicht weit entfernt, hatte einer gelebt und war viel zu früh gestorben, den sie hätten kennenlernen sollen. Georg Büchner, fast 30 Jahre jünger als die Brüder Grimm, war am 17. Oktober 1813, dem zweiten Tag der Völkerschlacht zu Leipzig, geboren worden, jenem entscheidenden Gefecht, in dem ein im Kampf geeintes Europa endlich den Sieg über Napoleon errungen hatte. Ein symbolträchtiger Tag.
Aber was folgte auf den Freudentaumel? Ein Triumph der Freiheit? Im Gegenteil! Büchner, Sohn eines braven Amtsarztes und seiner Frau, deren Familie am landgräflichen Hof zu Rang und Ehren aufgestiegen war, wurde in eine düstere Zeit der Unterdrückung geboren. Obendrein gehörte sein Geburtsort, das Dörfchen Goddelau, zu Darmstadt, und dass die Landgrafen von Hessen-Darmstadt sich 1806 im Rheinbund auf die Seite Napoleons geschlagen hatten und dafür zu Großherzögen befördert worden waren, machte das Leben der Untertanen nach dem Sieg der Preußen und Habsburger nicht leichter. Zur Unterdrückung kam und aus ihr folgte: bitterste Armut.
Für die Fürsten und Könige Europas nämlich war mit dem Sieg über den französischen Kaiser auch der letzte Gedanke an Revolution getilgt. »Heilige Allianz und Kongresse zur Unterdrückung der Völker« folgten dem mit mehr als 100 000 Toten erkauften Sieg, so bilanzierte der Ökonom und Philosoph Karl Marx (1818–1883) später voll Bitterkeit, »Karlsbader Beschlüsse, Zensur, Polizeidespotismus, Adelsherrschaft, Bürokratenwillkür, Kabinettsjustiz, Demagogenverfolgung, Massenverurteilungen, Finanzverschluderung und – keine Konstitution.« Es sollte lange so bleiben. Marx beschrieb damit praktisch die Lebenssituation einer ganzen Generation.

Revolutionär Georg Büchner

Die Grimms haben ihren ordentlichen Anteil davon abgekriegt, in Kassel beim Kurfürsten, in Göttingen unter dem hannoverschen König Ernst August. Ihr Schicksal hat ihre politische Überzeugung geprägt, sie zu streitbaren Demokraten werden und Jacob schließlich in die Paulskirche einziehen lassen. Aber kein Dichter und Dramatiker seiner Zeit wehrte sich so entschieden, so rückhaltlos und radikal gegen Willkür und Despotismus wie Georg Büchner.
Als Medizinstudent in Gießen hatte er eine geheime »Gesellschaft für Menschenrechte« gegründet, hatte in der Flugschrift »Der Hessische

Landbote« vorgerechnet, wie Ausbeutung und Unterdrückung ein luxuriöses Leben bei Hofe finanzieren, und versucht, das Volk zur Revolution aufzustacheln. In Darmstadt war er, Datum 13. Juni 1835, wegen »staatsverrätherischer Handlungen« steckbrieflich gesucht worden.

Sein Theaterstück »Dantons Tod«, geschrieben in wenigen Wochen kurz zuvor, interpretiert das Scheitern der Französischen Revolution und ihrer Ideale als Folge der Machtkämpfe zwischen den revolutionären Parteien – und provozierte die Zensur. Büchner setzte sich nach Straßburg ab, verfasste die Erzählung »Lenz«, eine »Abhandlung über das Nervensystem der Barbe« als Dissertation und das Stück »Leonce und Lena«, atemlos schon, als wüsste er, dass ihm nur wenig Zeit bleiben sollte. Fortsetzung der wissenschaftlichen Arbeit in Zürich, dort Promotion. Das Drama »Woyzeck« blieb ein Fragment. Büchner starb am 19. Februar 1837 an Typhus. Er war erst 23 Jahre alt. Ein ganzes Lebenswerk in zwei, drei Jahren.

Der Dramatiker des Vormärz

Der »Woyzeck« wurde 1913 uraufgeführt, gehört seitdem fest zum Repertoire deutscher Theater und – wie auch Büchners andere Werke – zum Lektürekanon an den Schulen. Sein Geburtshaus in Goddelau ist seit 1998 als Erinnerungsstätte an einen der großen Dichter des Landes öffentlich zugänglich. **Riedstadt**, zu dem das kleine Dorf gehört, nennt sich offiziell »Büchnerstadt«. Und in Darmstadt pflegen Staatstheater und Staatsarchiv das Andenken an den

Großherzog Ernst-Ludwig gründete die Darmstädter Künstlerkolonie, das nach ihm benannte Ernst-Ludwig-Haus war ein gemeinschaftliches Ateliergebäude (▸ S. 141).

Dramatiker, der sich an der Wirklichkeit seiner Zeit aufrieb und schließlich verzweifelte. Ganz abgesehen davon, ist die alte Residenzstadt eine echte Perle mit ihrem prächtigen Schloss, der nahe gelegenen Burgruine Frankenstein, mit ihren international renommierten Wissenschaftsinstituten, mit dem regen literarischen Leben und vor allem dem berühmten Jugendstilensemble aus Künstlerhäusern und Ausstellungsgebäuden auf der Mathildenhöhe. Und wer das Prinz-Georg-Palais mit seinem Rokokogarten besucht, der sollte sich beim Anblick der fulminanten Großherzoglich-Hessischen Porzellansammlung ganz nebenbei auch einmal an Georg Büchners »Hessischen Landboten« erinnern.

Eine Zeit der Hoffnung, in der die Grimms, Bettine und Clemens Brentano, Savigny und von Arnim sich als Studenten in Marburg ein Leben in Freiheit, Gleichheit und Brüderlichkeit ausmalten – Georg Büchner kam zu spät. Seinen Geburtstag bezeichnete ein Freund, der ebenfalls aus Darmstadt nach Zürich ausgewanderte Publizist Wilhelm Schulz, als »Tag, an dem die Freiheit geschlachtet wurde«. In Büchners Augen verlief ein ganzes, kurzes Leben in einer Epoche düsterer Beklemmung. Den Lichtblick einer Revolution wie der von 1848, auch wenn sie am Ende scheiterte, erlebte er nicht mehr.

Dennoch, vielleicht gerade deshalb ein hübsches Gedankenspiel, was sie einander wohl zu sagen gehabt hätten, er und die Brüder Grimm. Denn gar so weit war es nicht von Jacob Grimms »Deutscher Boden duldet keine Knechtschaft« bis zu Büchners Schlachtruf, den er im Juli 1834 für den »Hessischen Landboten« formuliert hatte: »Friede den Hütten, Krieg den Palästen«.

MUSEEN

Georg-Büchner-Haus ▸ B5/6

Das 1665 erbaute Fachwerkhaus und Geburtshaus Georg Büchners ist der einzig erhaltene Originalschauplatz seines kurzen Lebens. Dank dem Engagement zahlreicher Privatleute und Unternehmen konnte es vor dem Verfall gerettet werden. Eine Ausstellung ist dem Leben und Werk des Dichters und »Revoluzzers« und dem Engagement seiner Geschwister gewidmet. Büchner nahm im »Woyzeck« das von den Brüdern Grimm publizierte Märchen »Die Sterntaler« in einer Umdeutung auf. Seit 1923 wird in Darmstadt der Georg-Büchner-Preis als wichtigste Auszeichnung deutschsprachiger Autorinnen und Autoren vergeben.

Weidstr. 9, 64560 Riedstadt-Goddelau • Tel. 0 61 58/46 21 • www.buechnerhaus.de • Do, So 14–18 Uhr, Gruppen nach Vereinbarung

EINKEHREN

Forsthaus Kühkopf ▸ B6

Wer die Kultur mit einem erholsamen Naturerlebnis verbinden möchte, der is(s)t im Naturschutzgebiet Kühkopf-Knoblochsaue, der größten Auenlandschaft Mitteleuropas, goldrichtig. Neben hausgemachtem Kochkäse werden im lauschigen Innenhof des ehemaligen Forsthauses unter der großen Kastanie selbst gebackene Kuchen serviert. Zugang nur zu Fuß (7 Min.) oder mit dem Rad, Parkplatz an der Altrheinbrücke in Riedstadt-Erfelden.

64589 Stockstadt • Tel. 0 61 58/30 68 • www.forsthaus-kuehkopf.com • Mi–Sa ab 11, So ab 10 Uhr

TOUR 9

Wetzlar und Gießen

Die beiden Städte in Mittelhessen blicken auf eine lange, bewegte Geschichte zurück. Zu Zeiten der Brüder Grimm hinterließen Paul Wigand und Johann Wolfgang von Goethe dort ihre Spuren ...

◂ Ort der Ruhe und Muße – der Botanische Garten beim Alten Schloss Gießen (▸ S. 149)

Wetzlar ▸ B3

So, so, zwei pergamenthäutige Bücherwürmer sollen sie also gewesen sein, die Berge von Papier auf ihren Schreibtischen anhäuften und dann förmlich hineinkrochen. Ludwig Emil Grimm hat seinen Bruder Wilhelm auf diese Weise gezeichnet, irgendwo auf dem schmalen Grat zwischen Mitleid und Lächerlichkeit.
Zwei schratige Vögel, die durch den Berliner Tiergarten staksten, leicht nach vorn gebeugt, die Hände hinter dem Rücken verschränkt, und einander ominöse Begriffe aus ihrem deutschen Wörterbuch zuraunten: »Dasein«, »Demut«, »Dunkel«. Günter Grass will sie so beobachtet haben. Er besitze diese Fähigkeit, behauptet der Nobelpreisträger in seinen Aufzeichnungen »Grimms Wörter«: 150 Jahre zeitlicher Differenz seien für ihn kein Hindernis. Die Grimms hätten ihn inspiriert. Immerhin beginnt der »Froschkönig« so, die Nummer eins ihrer Kinder- und Hausmärchen: »In den alten Zeiten, wo das Wünschen noch geholfen hat …« Na, und da hat Grass sich eben gewünscht, den beiden bei einem ihrer Spaziergänge zu begegnen. Sein Verleger Gerhard Steidl übrigens sitzt in Göttingen.

Der Vielschreiber Paul Wigand

Wie gut, dass es außerdem noch Paul Wigand gab! Und wohl dem, der einen besten Freund hat! Paul (1786–1866) war so einer, bester Freund zunächst Wilhelms, später der beiden Brüder Grimm seit den gemeinsamen Tagen am Lyceum in Kassel. Ein Vielschreiber zudem, einer, dem kein Thema zu abgelegen war, um nicht seine Feder daran zu wetzen – ob es sich um die Geschichte der Reichsabtei Corvey an der Weser handelte oder um das Freudenspiel »Der Flussgott Rhein und noch jemand« als Antwort auf ein ähnlich pompöses Stück des damals gefeierten und mit ebensolcher Begeisterung verhöhnten Dramatikers und Lustspielschreibers August von Kotzebue (1761–1819).
Ob der Tiroler Bauernführer Andreas Hofer sein Thema war oder ob es um »Die Provinzialrechte des Fürstenthums Minden, der Graffschaften Ravensberg und Rietberg, der Herrschaft Rheda und des Amtes Rechenberg in Westphalen nebst ihrer rechtsgeschichtlichen Entwickelung und Begründung« ging: Der Jurist und Heimatforscher Wigand schrieb einfach über alles. Er hatte Spaß daran. Sitten und Gewohnheiten des Mittelalters, romantische Naturgedichte, Abhandlungen zur Rechtsgeschichte und Untersuchungen über die grausige Praxis der Hexenprozesse. An die fünfzig Lieder soll er zur Sammlung »Des Knaben Wunderhorn« beigesteuert haben, die Clemens Brentano und Achim von Arnim bekanntlich allesamt als Schätze der deutschen Kultur aus den Tiefen des Mittelalters geborgen haben wollten. Wigands Haushälterin hatte sie bei der Arbeit gesungen. Wie gut also, dass er auch über seine Freunde geschrieben hat, denn bei Wigand sind die Brüder Grimm auch von zwei, drei ihrer weniger bekannten Seiten kennenzulernen. Jacob etwa als Naturforscher, der mit einem Schmetterlingsnetz über die Fluren tanzte, als wackerer Wandersmann auf dem Weg nach Willings-

hausen oder als feuriger Tänzer auf der Bauernhochzeit, der Friedrich von Schwertzell mit seinen Marburger Kommilitonen dort im Schloss seiner Familie Asyl gewährt hatte.

Erinnerung an die Studienzeit

Einfühlsam schrieb Wigand über die Tapferkeit, mit der Wilhelm früh seine Anfälligkeit gegen Krankheit ertrug: »Der liebe Kamerad tat mir sehr leid, und mein Herz zog mich täglich zu ihm hin. Ich referierte ihm über Schularbeiten und Schulgeschichten, und er suchte durch eigne Übung mit uns fortzukommen.« Und knarzig stimmte er in die Klagen der Brüder über die Einfallslosigkeit ihrer Professoren an der Universität in Marburg ein, deren »stereotyp zum Vortrag kommende Weisheit in Definitionen und Distictionen, Abtheilungen und Unterabtheilungen bestand«. Kein Spaß und kein Gewinn, solch langweiliger Vorlesung zu folgen. Für die auffassungsschnellen und anspruchsvollen Studenten »reducierte sich das Ganze auf Gedächtnißkram«.

Mit beinahe hörbarem Schmunzeln erinnerte er sich an jene Zeit, da kein Schundroman und keine Liebesschmonzette vor ihnen sicher war. Nur lesen, lesen, lesen wollten die jungen Leute und hinter den Rittergeschichten und Schmachtfetzen die Regelhaftigkeit des Erzählens erkennen. Und natürlich auch: Zuflucht finden bei den Räubern und Rittern, den Helden und Liebhabern in der Literatur. Lesen galt damals als eine Art Volkskrankheit, bisweilen machten sie sich echte Sorgen, ob sie es nicht vielleicht übertrieben – aber wenn Antiquariate und Bücherauktionen nicht genug preiswerten Stoff lieferten oder ihnen das Geld gänzlich fehlte, dann exzerpierten sie und verteilten die Lesefrüchte untereinander.

Eine lebenslange Freundschaft

Der Austausch über Bücher, Empfehlungen und Verrisse von Neuerscheinungen auf einem Markt, auf dem sich plötzlich Tausende tummelten, blieb Grundlage einer lebenslangen Freundschaft – auch als Wigand als Friedensrichter nach Höxter und später als Stadtgerichtsdirektor nach Wetzlar ging und die Grimms ihren Weg über Göttingen zurück nach Kassel und später nach Berlin fortsetzten. Sie kannten einander seit ihrer Jugend, wussten um ihre Neigungen, Stärken und Schwächen und hielten das Interesse an den Geschicken des anderen aufrecht. So war es schon zu Studentenzeiten gewesen. Wenn Jacob damals nicht selbst zugegen sein konnte, dann berichtete Wigand ihm eben per Brief von herzhaften Prügeleien, wohl wissend, dass der Freund an so etwas sein Vergnügen gehabt hätte: »Vor 8 Tagen am Donnerstag Mittag fielen wir über sie her, ich packte den Bode von hinten und noch ein paar schlugen drauf. Rüppel nebst den anderen stürmten auf den Eschwege los und legten ihn glücklich auf die Tafel. Unser jetziger Zeitvertreib ist nun nach der Reihe durch die Plumpsäcke Gassenlaufen und jeden, der zur Thür herein kömmt, mit Prügeln zu empfangen.«

Mehr als 400 Briefe gingen hin und her zwischen den Brüdern Grimm und dem Freund Paul Wigand; 222 sind erhalten – philologisch eine erstrangige Quelle zu literarischen Auslösern eigener Erkenntnis, zur Entstehung und Verfestigung von Ideen, zum Kampf um politische Überzeugung und zu den vielen Eroberungen und Verlusten im Netzwerk der Beziehungen. Menschlich aber belegen die Briefe die Möglichkeit von echter Freundschaft, die in den schönen Zeiten der Frühromantik als so wichtige Form der Begegnung neu entdeckt worden war. Sie sollten doch zu ihm nach Wetzlar kommen, bot Wigand den aus Göttingen vertriebenen Brüdern an. Dort werde es ihnen gewiss gut gehen.

Gut möglich, dass er damit recht gehabt hätte. Nicht weniger als 18 Altertumsvereine führten den Rechtsgelehrten als Mitglied, und als Wigand 1848 seinen Dienst quittieren musste, weil ihm nach der Umwandlung des von ihm geleiteten Stadtgerichts in ein Kreisgericht das vorgeschriebene Staatsexamen fehlte, da blieben ihm noch fast 20 Jahre, in denen er seinen Leidenschaften frönen konnte: dem Schreiben und der Geschichte.

Die freie Reichsstadt Wetzlar

Und Wetzlar bot reichlich Anlass. Als Kaiser Friedrich Barbarossa der Stadt im Jahr 1180 – auf gleichem Rang wie Frankfurt – die Rechte einer freien Reichsstadt gewährte, da war sie schon uralt und reich an Vergangenheit, wahrscheinlich bis zurück in die Steinzeit und die Eisenzeit. Die Burg Kalsmunt soll schon zu römischen Zeiten das hügelige Land an der Lahn zwischen Taunus und Westerwald geschützt haben; ihr Name hingegen – Carols Mons – lässt auf Karl den Großen schließen, der die auf einem Berg gelegene Festung um das Jahr 785 ausgebaut hat. Exakt 500 Jahre später gründete der Deutsche Orden seine Niederlassung in Wetzlar, den Deutschordenshof.

Im selben Jahr, 1285, kam Tile Kolup und behauptete, er sei Friedrich II., Kaiser des Heiligen Römischen Reiches aus dem Hause der Staufer, ge-

Die älteste Brücke Hessens, die steinerne Lahnbrücke von Wetzlar aus dem 13. Jh., führt den Besucher noch heute in die Altstadt mit dem romanischen Dom.

Ein mittelalterlicher Markt fand nahe der alten Lahnbrücke in Wetzlar einen idealen Veranstaltungsort.

nannt »stupor mundi«, »das Staunen der Welt«: Enkel des mächtigen Barbarossa, Kreuzfahrer, Friedensstifter von Jaffa, vom Papst als Antichrist verleumdet, Förderer der Künste und der Wissenschaften, vor einem Menschenalter als gehetzter Mönch in Italien gestorben, von den Menschen in Sehnsucht erwartet als der sagenhafte Friedenskaiser und nun endlich von den Toten auferstanden. War das eine Aufregung in Wetzlar! In Köln hatten sie den armen Irren im Jahr zuvor in eine Kloake getunkt und aus der Stadt gejagt, und auch in Wetzlar währte der Spuk nicht lange: Am 7. Juli 1285 ließ König Rudolf von Habsburg (1218–1291) den falschen Kaiser festnehmen und als Ketzer auf dem Scheiterhaufen verbrennen. Tile Kolups Geschichte und sein rätselhaftes Auftauchen jedoch boten immer wieder Stoff für Analysen zum Machtverhältnis zwischen Kirche und Staat während des Interregnums, für Dramen, Schwänke, Romane und historische Krimis, zuletzt etwa von Tilman Röhrig oder Frank Kurella.

Das Reichskammergericht

Reichtum durch Bergbau und Eisenhandel, geistliches Zentrum für eine Vielzahl von Orden, Pest und Pogrome unter den Juden, denen die Schuld an der Seuche gegeben wurde, blutige Machtkämpfe um die Herrschaft über die Stadt, Verlust der Reichsunmittelbarkeit, erneute Pestwellen, dazu Hochwasser, finanzieller Ruin, Zuzug calvinistischer Glaubensflüchtlinge aus Wallonien und neuerlicher Aufstieg, nachdem das Reichskammergericht als höchste juristische Instanz des alten Reiches 1689 nach Wetzlar verlegt worden war und höchste Schichten hier Residenzen einrichteten und Perückenmacher, Buchdrucker und Gastwirte zu Wohlstand gelangten – Spuren der reichen, wechselvollen Geschichte sind an jeder Ecke zu finden. Und der junge Goethe kam als Praktikant.

Goethe und Charlotte Buff

Es muss frivol zugegangen sein in jenen Jahren, als das hohe Gericht auch hohe Gesellschaft in die Stadt gebracht hatte. Zeitgenossen schreiben in einer Mischung aus Entrüstung und erregtem Entzücken von all den Assembléen, Concerten, Comödien, Bällen und Redouten, von Dejeuners, Diners und Soupés: »Alles athmet Liebe. Du kannst Weiber und Mädchen sehen, ohne dass sich die Männer oder Eltern darum bekümmern.« Und warum nur hieß es in Wetzlar, ein Verehrer »mache einer Dame den Knopf«, wenn er ihr näher rückte?

Goethe war 22, frisch gebackener Doktor der Jurisprudenz und ein offenbar verwöhntes und eigensinniges Kerlchen aus gutem Hause, als er im Mai 1772 sein fünfmonatiges Praktikum am Reichskammergericht antrat. »Er hat sehr viele Talente«, attestierte ihm der Legationssekretär Johann Christian Kestner, doch »von Vorurteilen frei, handelt er, wie es ihm einfällt, ohne sich darum zu bekümmern, ob es anderen gefällt«.

Die Nachwelt hat entschieden, dass der junge Johann Wolfgang Goethe den Verlauf des Geschehens entschieden flüssiger zusammenfasste. Kestners Verlobte war Charlotte Buff, Tochter von Heinrich Adam Buff, damals Amtmann beim Deutschen Orden. Sie war 19 und dem zwölf Jahre älteren Juristen aus Hannover schon seit geraumer Zeit versprochen, als Goethe sie auf Wunsch seiner Wetzlarer Großtante Susanne Cornelia Lange zu einer der Soireen im Jagdhaus von Volpertshausen südlich der Stadt abholte.

Der Rest ist Weltliteratur, das Jagdhaus ist noch zu besichtigen. Lotte muss bezaubernd gewesen sein, und Goethe war bezaubert – Lotte war vergeben. Sie mochte ihn trotzdem und dachte sich nichts weiter dabei, aber seine vielen Begegnungen mit ihr, die Besuche bei ihrer Familie und ihre unschuldige Vertraulichkeit taten dem jungen Mann nicht gut. Er verliebte sich unsterblich, litt, hoffte, verzweifelte. Einen geraubten Kuss und eine hitzige Aussprache später war es vorbei mit dem Praktikum: Lotte würde Kestner heiraten.

Der junge Werther entsteht

Am folgenden Tag verließ Goethe die Stadt, umbraust von düsteren Wolken. Ein paar Wochen später schoss sich sein Freund und Praktikumskollege Karl Wilhelm Jerusalem aus unerwiderter Liebe zu einer Wetzlarerin eine Kugel in den Kopf – und viele unglücklich Verliebte sollten es ihm nachtun, nachdem sie Goethes aufwühlende Interpretation der beiden Dramen gelesen hatten, den 1774 erschienenen Briefroman »Die Leiden des jungen Werthers«.

Das Jerusalemhaus am Schillerplatz 5, ein hübsches, bescheidenes Fachwerkhaus aus dem 17. Jh. mit der Zweizimmerwohnung des unglücklichen Freundes, ist heute zu besichtigen. Lange war es, wie es ein Historiker ein wenig spöttisch formuliert, ein »Wallfahrtsort der empfindsamen Welt«.

MUSEEN

Heimatmuseum Hüttenberg/ Goethehaus Volpertshausen ▸ B4

Im ehemaligen Jagdhaus der Grafen zu Nassau-Weilburg wurde Literaturgeschichte geschrieben.

Rheinfelser Str. 65, 35625 Hüttenberg • Tel. 0 64 41/7 40 37 • jeden zweiten So im Monat 14–18 Uhr

Jerusalemhaus

In einer Wohnung im zweiten Stock ist die Spezialbibliothek der Goethe-Werther-Sammlung untergebracht.
Schillerplatz 5, 35578 Wetzlar • Tel. 0 64 41/99 41 31 • Di–So 14–17 Uhr

Lottehaus

Stadt- und Industriemuseum mit Viseum, Haus der Optik und Feinmechanik in der ehemaligen Deutschordensniederlassung.
Lottestr. 8–10, 35578 Wetzlar • Tel. 0 64 41/99 41 31 • Di–So 10–13, 14–17 Uhr • mit Restaurant Kaiser im Viseum, Kornmarkt 2, 35578 Wetzlar • Tel. 0 64 41/44 37 54

EINKEHREN

Ristorante Tre Panoce

Beliebter Italiener mit wunderschönem Innenhof am Rand der Altstadt.
Barfüßerstr. 8, 35578 Wetzlar • Tel. 0 64 41/4 74 74 • www.trepanoce.de • Mi–Mo 11.30–14.30, 17.30–23.30 Uhr

MERIAN-Tipp 10

RESTAURANT MALCOMESS' ▸ B3

Hier wird eine ideenreiche, frische Slow-Food-Küche mit internationalen Einflüssen serviert, Azubi-Speisekarte, Kinderkarte, vegetarischer Donnerstag. Terrasse.
Kornmarkt 12, 35578 Wetzlar • Tel. 0 64 41/5 69 39 90 • www.malcomess-restaurant.de • Mo, Mi, Do ab 18, Fr–So 12–14 und ab 18 Uhr, Di Ruhetag

Restaurant Alte Lahnmühle

Hessische Spezialitäten und internationale Gerichte direkt an der sanft dahinplätschernden Lahn.
Im Landhotel Naunheimer Mühle, Mühle 2, 35584 Wetzlar-Naunheim • Tel. 0 64 41/9 35 30 • www.naunheimer-muehle.de • warme Küche 11.30–14, 18–22.30 Uhr

FESTE UND EVENTS

Wetzlarer Festspiele e. V.

Domplatz 8, 35578 Wetzlar • Tel. 0 64 41/2 26 01 • www.wetzlarer-festspiele.de

SERVICE

AUSKUNFT

Tourist-Information

Domplatz 8, 35578 Wetzlar • Tel. 0 64 41/99 77 55 • www.wetzlar.de • Mai–Sept. Mo–Fr 9–18, Sa 10–14, Okt.–April Mo–Fr 9–17, Sa 10–12 Uhr

Lotte in Weimar

Aber die Geschichte geht weiter. Charlotte Kestner zog mit ihrem Gatten nach Hannover. Das Paar bekam zwölf Kinder, acht Söhne und vier Töchter. Die Freundschaft mit Goethe blieb bestehen: Sie schrieben einander Briefe. Der inzwischen berühmte Dichter erkundigte sich und sprang ein, wenn er Hilfe leisten oder einen Kontakt vermitteln konnte.
Die Kinder gingen gute Wege. Lottes Sohn August wurde ein erfolgreicher Jurist und Diplomat, Forscher, Zeichner und Förderer der Künste; seine umfangreiche Kunstsammlung stiftete er seiner Heimatstadt – das Kestner-Museum und der Kunstverein Kestnergesellschaft sind dort noch immer bedeutende Institutionen. Die Familie wuchs und gedieh über Generationen hinweg. Bis heute

wollen Genealogen 1200 Nachkommen aus der fruchtbaren Verbindung zwischen Lotte Kestner und Johann Christian ausfindig gemacht haben. 1816 besuchte die inzwischen verwitwete Hofrätin den Verehrer von einst in Weimar. Es soll freundlich, formell und ein bisschen steif zugegangen sein. Thomas Mann hat die Begegnung 1939 in seinem Roman »Lotte in Weimar« interpretiert. Dass er dem großen Vorgänger dabei eine morgendliche Erektion andichtete, wird andere Gründe gehabt haben. Fest steht: Es gibt nicht viele Frauen, die zweimal im Abstand von mehr als 160 Jahren Anlass zur Weltliteratur gegeben haben.

Sci-Fi und Fantasy für alle

Zugegeben: In der »Phantastischen Bibliothek Wetzlar« sind die Möglichkeiten und Grenzen von Fiktion entschieden weiter gefasst, aber der weltweit größte öffentlich zugängliche Bestand von Science-Fiction- und Fantasy-Literatur – 200 000 Titel haben sich seit 1987 angesammelt – erweist sich immer wieder als Impulse gebende Anlaufstelle: für Literaturwissenschaftler, Lehrer und für junge Leser auf der Suche nach ersten Begegnungen mit fesselnder Lektüre. Könnte sein, dass sie auch die Märchen von Jacob und Wilhelm Grimm entdecken. Die Brüder genießen hier einen Ehrenplatz als Begründer großer Erzähltradition. Schließlich vermochten auch sie ihr Publikum mit guten Bildern und spannender Handlung zu fesseln.

MUSEEN

Phantastische Bibliothek

Weltweit größte Sammlung fantastischer Literatur und Märchen.
Turmstr. 20, 35578 Wetzlar • Tel. 06441/40010 • www.phantastik.eu • Mo–Do 14–18, Mi auch 9–12 Uhr und nach Vereinbarung

Gießen ▸ B3

Gießen wurde, wie Frankfurt, Hanau oder Kassel, im Zweiten Weltkrieg weitgehend zerstört. Seither erzählt die 1152 um eine Wasserburg in den Feuchtgebieten der Lahn gegründete Stadt eine andere Geschichte. Es ist die Geschichte von energischem Wiederaufbau, von moderner Stadtplanung, einer autogerechten Straßenführung und der großen Aufgabe, die massenhafte Zuwanderung durch Heimatvertriebene und Flüchtlinge aufzunehmen und weiterzuleiten.
Viele sind gleich geblieben. Da blieb keine Zeit für sentimentale Vergangenheitsduselei – die Nachkriegsjahre prägen das Stadtbild. Namen wie »An der Automeile«, »Gummiinsel« oder »Marshall-Siedlung« lassen etwas von der Situation erkennen, und das 1968 gebaute »Elefantenklo«, ein riesiges, rundes Loch in einer Fußgängerplattform aus Beton über einer Straße, ist eine Sehenswürdigkeit, die immerhin von einer guten Portion Selbstironie zeugt. Der Spottname übrigens ist die Erfindung der studentischen Vereinigung »Akademischer Micky Maus Club«.
Die Universität spielt eine wichtige Rolle in der Geschichte, die Gießen heute erzählt. Sie gab ein Thema vor, das Tradition hatte und sich bestens fortführen ließ: Wissenschaft, Forschung, Technik. Gegründet 1607, drei Jahre, nachdem die Stadt von der Landgrafschaft Hessen-Marburg in den Machtbereich der Landgrafen von Hessen-Darmstadt überging, war sie von Anfang an das ehrgeizige Ge-

genmodell zur Universität in Marburg. Der Chemiker Justus von Liebig (1803–1873) lehrte in Gießen, einer der Begründer der anorganischen Chemie – wer ihn heute auf seine populärste Erfindung reduziert, den Fleischextrakt als Grundlage für Suppenwürze und Fertiggerichte, der beweist allerdings nur, wie leicht schnell hingetupfte Nebensächlichkeiten vom Kern einer Geschichte ablenken können.

Und dann ins Mathematikum

Es gibt ein Altes Schloss, das nach den Zerstörungen im Krieg wieder aufgebaut wurde. Es gibt ein Neues Schloss, das wunderbarerweise unbeschädigt blieb. Nebenan das Zeughaus, in den Sechzigerjahren nach altem Bild neu errichtet. Im Zentrum wurde Fachwerk neu gefügt nach dem Vorbild der Bauten, die vor den Bombenangriffen das Stadtbild prägten, wie es sich eben für eine hessische Stadt gehörte.

Auf dem Schiffenberg außerhalb der Stadt steht ein Kloster mit Basilika aus romanischer Zeit, das schon zu Zeiten der Brüder Grimm ein beliebtes Ausflugslokal und ein Paukboden für Gießener Burschenschaften war. Und auf der Badenburg im Nordwesten Gießens suchte Georg Büchner Schutz, um im »Hessischen Landboten« zur Revolution aufzurufen – doch mehr vom neuen, eher pragmatischen Geist der Stadt lässt sich wohl im Mathematikum erleben. Ein Mitmach-Museum, das Erste seiner Art weltweit, in dem Besucher eine weite Brücke aus viel zu kurzen Bauteilen fügen können (Leonardo da Vinci hat einst das Vorbild ersonnen), sich ins Innere einer Seifenblase begeben oder erfahren, warum es einen 29. Februar gibt. Und warum nur alle vier Jahre. Und wenn ein solches Haus in Sonderausstellungen die geometrischen Op-Art-Fantasien eines Künstlers wie Victor Vasarely zeigt, die über viele Jahre vorbereiteten Projekte des großen Erzählerpaars Christo und Jeanne-Claude oder – etwa in Zusammenarbeit mit dem Museum für Komische Kunst in Frankfurt – die verschmitzten Doppelbödigkeiten des Frankfurter Dichters, Zeichners, Malers und Humoristen Robert Gernhardt oder seines Kollegen F. W. Bernstein, dann ist nicht nur bewiesen, dass Denken vor allem anderen eine Freude ist und Spaß macht. Dann ist zugleich auch angeknüpft an eine große hessische Tradition – die Tradition des Erzählens.

Na, und wer hat die aufgegriffen, ausgearbeitet und in einer Gesamtauflage von rund einer Milliarde Exemplaren bis in den letzten Winkel der Welt verbreitet? Genau: die Brüder Jacob und Wilhelm Grimm!

MUSEEN

Mathematikum e. V.

Das Mathematikum im ehemaligen Zollamt ist das erste mathematische Mitmach-Museum der Welt und nur eine Minute vom Gießener Bahnhof entfernt. Mit Cafeteria.

Liebigstr. 8, 35390 Gießen • Tel. 0641/9697970 • www.mathematikum.de • Mo–Fr 9–18, Do 9–20, Sa/So und feiertags 10–19 Uhr

EINKEHREN

Restaurant Kloster Schiffenberg

Vier Hotelzimmer, ein Restaurant mit gutbürgerlicher Küche und ein riesiger Biergarten. Doch vor allem die einsame Lage und das Panorama

Raus aus der grauen Theorie, rein in die Mitmachpraxis im Mathematikum in Gießen. Hier macht Mathematik Spaß! (▸ S. 150).

ziehen die Besucher seit Jahrhunderten an. Im April findet auf dem historischen Gelände des Augustiner-Chorherrenstifts ein stattlicher Mittelaltermarkt statt.
35394 Gießen • Tel. 0641/490444 • www.kloster-schiffenberg.de • Di–So 11–23 Uhr

Gaststätte Badenburg Ritterkeller

Alteingesessener Familienbetrieb im urigen Burggemäuer hoch über der Lahn. Rustikale Gerichte wie »Burgknochen« oder die »Schippe Dreck«.
Inselweg 122, 35396 Gießen • Tel. 06406/3912 • www.badenburg.de • Mi–Sa 18–24, So und feiertags 11–24 Uhr

Dach-Café

Restaurant, Bar, Konditorei. Feine Speisen und Süßwaren (Pralinen, Kuchen, Torten) zur unschlagbaren Lage!
Ludwigsplatz 11, 35390 Gießen • Tel. 0641/68691000 • www.dachcafe.com • Frühstück 9–12, Mittagessen 12–18, Abendessen 18–23, So und feiertags Brunch 10–14 Uhr

Auf einen Blick Die Welt der Brüder Grimm: nützliche Informationen für einen gelungenen Aufenthalt im Märchenland Hessen – Fakten über Land, Leute und Geschichte sowie Biografisches zu den Grimms.

◂ Das Irisch-Römische Bad in der Kaiser-Friedrich-Therme in Wiesbaden.

LANDESHAUPTSTADT: Wiesbaden (276 000 Einwohner)
EINWOHNER: 6,09 Mio.
FLÄCHE: 21 115 qkm (42 % Wald)
GROSSSTÄDTE: Frankfurt am Main (678 000 Einwohner), Kassel (196 000 Einwohner), Darmstadt (144 000 Einwohner), Offenbach am Main (120 000 Einwohner)
HÖCHSTER BERG: Wasserkuppe in der Rhön (950 m)
INTERNET: www.hessen.de
RELIGION: 40 % Protestanten, 25 % Katholiken, 10 % Muslime
GLIEDERUNG: Regierungsbezirke Kassel, Gießen, Darmstadt, aufgeteilt in 21 Landkreise
WAPPEN: Hessenlöwe

Adressen

HA Hessen Agentur GmbH – Tourismus- und Kongressmarketing ▸ A5

Konradinerallee 9, 65189 Wiesbaden • Tel. 06 11/9 50 17-81 91 • www.hessen-tourismus.de • hier finden Sie die touristischen Kontaktadressen aller Regionen und Städte in Hessen

Hessischer Heilbäderverband ▸ B4/5

Le Cannet-Rocheville-Straße 1, 61462 Königstein im Taunus • Tel. 0 61 74/92 65 23 • www.hessischer-heilbaederverband.de

VCH Verband der Campingplatzunternehmer in Hessen e. V. ▸ D2

Geschäftsstelle, Hauptstraße 34, 34593 Knüllwald-Remsfeld • Tel. 0 56 81/60 88 88 • www.hessencamping.de

Berühmte Hessen

- Hans Jakob Christoffel von Grimmelshausen (1622–1676), Schriftsteller
- Maria Sibylla Merian (1647–1717), Naturforscherin und Künstlerin
- Johann Wolfgang von Goethe (1749–1832), Dichter und Naturwissenschaftler
- Bettina von Arnim (1785–1859), Schriftstellerin
- Brüder Grimm (1785–1863, 1786–1859), Sprachwissenschaftler und Märchensammler
- Justus von Liebig (1803–1873), Chemiker
- Georg Büchner (1813–1837), Schriftsteller und Revolutionär
- Konrad Duden (1829–1911), Philologe und Lexikograf
- Philipp Reis (1834–1874), Physiker und Erfinder
- Otto Hahn (1879–1968), Chemiker und Kernforscher
- Konrad Zuse (1910–1995), Bauingenieur und Erfinder
- Anne Frank (1929–1945), Tagebuchschreiberin
- Rudi Völler (*1960), Fußballspieler und -trainer
- Til Schweiger (*1963), Schauspieler und Regisseur
- Steffi Jones (*1972), Fußballspielerin
- Jessica Schwarz (*1977), Schauspielerin und Moderatorin
- Sebastian Kehl (*1980), Fußballspieler
- Felicitas Woll (*1980), Schauspielerin
- Andrea Petković (*1987), Tennisspielerin
- Sebastian Vettel (*1987), Automobilrennfahrer
- Fabian Hambüchen (*1987), Kunstturner

Buchtipps

Heiner Boehncke und Hans Sarkowicz: Die Geschichte Hessens, Societätsverlag, Frankfurt am Main 2010.

Anja Zeller: RadRheinMain: Die 22 schönsten Touren rund um Frankfurt, Hanau, Wiesbaden und Mainz, Cocon Verlag, Hanau 2011.

Heinz Rölleke (Hg.): Kinder- und Hausmärchen: 3 Bde., Ausgabe letzter Hand mit den Originalanmerkungen der Brüder Grimm, Reclam, Ditzingen 2010.

Heinz Rölleke und Albert Schindehütte: Es war einmal: Die wahren Märchen der Brüder Grimm und wer sie ihnen erzählte, Eichborn, Frankfurt am Main 2011.

Sparkassen-Kulturstiftung Hessen-Thüringen (Hg.): Kulturelle Entdeckungen: Literaturland Hessen, Regensburg 2009.

Hans-Georg Schede: Die Brüder Grimm, Cocon Verlag, Hanau 2009

Sabine Hock: Grimms Hessen, Societätsverlag, Frankfurt am Main 2007.

Internet

www.hessen.de
Allgemeine Infos und Daten.

www.hessen-tourismus.de
Touristische Informationen.

www.hessen-u15.de
Hessen für Kinder.

www.hr-online.de
Nachrichten aus Hessen.

www.hochschullandschaft-hessen.de
Studieren in Hessen.

Lebensdaten der Brüder Grimm

1785 Jacob wird am 4. Jan. am Paradeplatz (heute Freiheitsplatz) in Hanau geboren.

1786 Am 24. Feb. kommt Wilhelm in Hanau zur Welt.

1791 Die Familie – drei weitere Brüder, darunter Ludwig Emil (1790–1863), sind dazugekommen – siedelt nach Steinau an der Straße über, wo die einzige Schwester, Charlotte (1793–1833), geboren wird.

1796 Der Vater, Amtsmann Philipp Wilhelm Grimm, stirbt in Steinau.

1798 Jacob und Wilhelm besuchen das Gymnasium in Kassel.

1802 Jacob beginnt mit dem Jurastudium in Marburg; Wilhelm folgt ihm ein Jahr später nach und schließt seine Studien (im Gegensatz zu Jacob) 1806 mit dem Examen ab. 1805 wird Jacob von Professor Savigny zu einem mehrmonatigen Parisaufenthalt eingeladen.

1808 Tod der Mutter Dorothea Grimm, geborene Zimmer, in Kassel.

1812 Der erste Band der »Kinder- und Hausmärchen« erscheint in einer Auflage von 1000 Exemplaren.

1815 Zweiter Band der »Kinder- und Hausmärchen«.

1816 Erster Band der »Deutschen Sagen« (zweiter Band 1818). Die Brüder sind als Bibliothekare am Fridericianum in Kassel angestellt (Wilhelm seit 1814).

1819 Erster Band »Deutsche Grammatik« (zweiter Band 1826, dritter Band 1831).

1822 Schwester Charlotte verheiratet sich mit Ludwig Hassenpflug. Der dritte Band der »Kinder- und Hausmärchen« erscheint.

1825 Wilhelm nimmt Dorothea Wild zur Frau.

1829 Die Brüder werden als Professoren an die Uni Göttingen berufen.

1837 Nach den Protesten der »Göttinger Sieben« werden sie entlassen und aus dem Königreich Hannover vertrieben. Rückkehr nach Kassel.

1841 Umzug von Kassel nach Berlin.

1846 Als Vorsitzender leitet Jacob die erste Germanistenversammlung in Frankfurt. Zwei Jahre später nimmt er als Abgeordneter an der Nationalversammlung in der Paulskirche teil.
1854 Der erste Band des »Deutschen Wörterbuchs« erscheint (zweiter Band 1860, dritter Band 1862).
1859 Wilhelm stirbt am 16. Dez. in Berlin und wird auf dem Friedhof der Matthäikirche begraben.
1863 Jacob stirbt am 20. Sept. ebenda.

Mit dem Rad durch Hessen

Über 3300 km Radfernwege führen durch das Bundesland: die Hessischen Radfernwege R1 bis R9, ergänzt durch den BahnRadweg Hessen und wichtige Abschnitte des Lahntal-, Werratal- und Ederradwegs, des Main- und Rheinradwegs.
www.radroutenplaner.hessen.de

Naturlandschaften

Hessen ist geprägt von Mittelgebirgen bis 950 m Höhe. Die Beckenlandschaften liegen dagegen zum großen Teil auf Höhen unter 200 m, die Flusstäler unterschreiten bisweilen die 100-m-Marke. Es gibt keine größeren natürlichen Seen. Der Edersee, ein Stausee im Landkreis Waldeck-Frankenberg, ist mit Abstand der größte See des Bundeslands.

Nationalparks:
- Kellerwald-Edersee

Biosphärenreservate:
- Rhön

Geo-Naturparks:
- Bergstraße-Odenwald
- Grenzwelten

Naturparks:
- Diemelsee
- Habichtswald
- Hochtaunus
- Hoher Vogelsberg
- Kellerwald-Edersee
- Lahn-Dill-Bergland
- Meißner-Kaufunger Wald
- Rhein-Taunus, Spessart

UNESCO-Welterbe

Weltnaturerbe:
- Grube Messel
- Nationalpark Kellerwald-Edersee

Weltkulturerbe:
- Kloster Lorsch
- Oberes Mittelrheintal
- Obergermanisch-Raetischer Limes

Weltdokumentenerbe:
- Originalschriften der Brüder Grimm in Kassel
- Fritz Langs »Metropolis« in Wiesbaden

Wandern in Hessen

Odenwald, Spessart, Rhön, Vogelsberg, Taunus, Westerwald, Knüllgebirge, Habichtswald und Burgwald, die Täler von Lahn, Werra und Rhein – hessische Wanderregionen gibt es zuhauf, und die Wanderwege erfüllen höchste Ansprüche an Erlebniswert und Qualität. Mit Prädikaten ausgezeichnet sind u. a. Alemannenweg, Burgwaldpfad, Diemelsteig, Ederhöhenpfad, Grimmsteig, Habichtswaldsteig, Hochrhöner, Kellerwaldsteig Edersee, Nibelungensteig, Rheinsteig, Rothaarsteig, Uplandsteig, Urwaldsteig Edersee, Werra-Burgen-Steig und Westerwald-Steig. Pilgern liegt im Trend und ist in Hessen auf dem Elisabethpfad (von Frankfurt am Main nach Marburg), der Bonifatius-Route (von Mainz nach Fulda) und dem Jakobsweg/E 3 (zwischen Fulda und dem Main) möglich. Der Hugenotten- und Waldenserpfad, ein 1800 km langer Europäischer Kulturfernwanderweg, führt durch ganz Hessen.

Geschichte

80 n. Chr.

Der obergermanische Limes läuft quer durch das heutige Hessen und markiert bis 260 n. Chr. die Grenze des Römischen Reiches.

738

In einem Brief, den der in Fritzlar und Fulda wirkende christliche Missionar Bonifatius von Papst Gregor III. erhielt, ist zum ersten Mal von dem Gebiet der »Hessi« die Rede.

794

In einer Urkunde Karls des Großen wird Franconofurd (Frankfurt) erstmals schriftlich erwähnt.

1228

Als Geburtsstunde des Staates Hessen gilt der Umzug von Elisabeth, Witwe des thüringischen Landgrafen Ludwig IV., nach Marburg. Aufgrund ihres selbstlosen Einsatzes für Arme und Kranke wird sie heiliggesprochen.

1240

Frankfurt erhält von Kaiser Friedrich II. das Privileg, Messen abzuhalten. Allen Händlern wird freies Geleit zugesichert.

1264

Nach dem Ende des Thüringisch-Hessischen Erbfolgekriegs wird Heinrich I. (Heinrich das Kind) als Landgraf von Hessen anerkannt. 1277 wählt er Kassel zur Residenz.

1356

Frankfurt wird Wahlort und 1562 auch alleinige Krönungsstadt der deutschen Kaiser.

1527

In Marburg gründet Landgraf Philipp der Großmütige die heute älteste protestantische und die erste hessische Hochschule.

1567

Mit dem Tod Landgraf Philipps endet die Einheit Hessens. Die Grafschaft wird in Hessen-Kassel und Hessen-Darmstadt aufgeteilt.

1803

Der Reichsdeputationshauptschluss erhebt Hessen-Kassel in den Rang eines Kurfürstentums. Hessen-Darmstadt wird Großherzogtum und tritt auf Napoleons Betreiben 1806 zusammen mit den zum Herzogtum Nassau vereinigten nassauischen Fürstentümern dem Rheinbund bei.

1807

Bis 1813 besteht das Königreich Westphalen mit Kassel als Hauptstadt und Jérôme Bonaparte, dem Bruder Napoleons, als Regenten.

1810

Bis 1813 existiert innerhalb des Rheinbunds das Großherzogtum Frankfurt, zu dem Aschaffenburg, Fulda, Hanau und Wetzlar gehören.

1820

In Hessen-Darmstadt wird die konstitutionelle Monarchie eingeführt.

1848

Die erste deutsche Nationalversammlung tagt in der Paulskirche in Frankfurt am Main und arbeitet eine Verfassung für die Staaten des Deutschen Bunds aus.

1862

In Höchst wird eine Anilinfabrik gegründet, aus der die späteren Farbwerke Hoechst hervorgehen.

1867

Nach dem Sieg Preußens gegen Österreich wird der Kurfürst verbannt. Das Kurfürstentum Hessen-Kassel, das Herzogtum Nassau und die Stadt Frankfurt werden von Preußen annektiert und zur Provinz Hessen-Nassau zusammengeschlossen.

1893

Der erste hessische Fußballclub wird in Hanau gegründet.

1918

Der republikanische Volksstaat Hessen entsteht aus dem Großherzogtum Hessen-Darmstadt. Sitz der Regierung ist Darmstadt. Ab dem 20. Februar 1919 ist eine demokratische Verfassung in Kraft.

1931

Die NSDAP wird stärkste Kraft im Landesparlament.

1938

In Eschwege, Frankfurt, Marburg, Wiesbaden und vielen anderen Städten brennen die Synagogen.

1945

Im Frühjahr werden zahlreiche hessische Innenstädte durch die Bombenangriffe der Alliierten zerstört. Nach Kriegsende setzen die Amerikaner in ihrer Besatzungszone eine »Deutsche Regierung des Landes Hessen« in Darmstadt ein. Am 19. September wird Groß-Hessen gebildet und Wiesbaden am 12. Oktober zur Landeshauptstadt bestimmt.

1946

Am 1. Dezember finden die ersten Landtagswahlen statt; die Verfassung Hessens tritt in Kraft. Der Landtag bezieht das ehemalige Stadtschloss der Herzöge von Nassau in Wiesbaden.

1949

Für viele unerwartet, wird Bonn statt Frankfurt zur Hauptstadt der neugegründeten Bundesrepublik.

1955

Die erste documenta wird in Kassel eröffnet. Sie gilt als weltweit größte und bedeutendste Ausstellung zeitgenössischer Kunst.

1957

Der Naturschutzpark Hoher Vogelsberg wird als Erster seiner Art in Deutschland gegründet.

1985

Im hessischen Landtag wird Deutschlands erste rot-grüne Koalition gebildet. Umweltminister Joschka Fischer nimmt in Turnschuhen seine Ernennungsurkunde entgegen.

1997

Der Commerzbank Tower wird von Sir Norman Foster in Frankfurt als höchster Wolkenkratzer Deutschlands errichtet.

2007

Seit der zweiten Osterweiterung liegt der Mittelpunkt der Europäischen Union in Hessen – in Gelnhausen-Meerholz im Main-Kinzig-Kreis.

2011

Die Buchenwälder im Nationalpark Kellerwald-Edersee zählen zur Liste des UNESCO-Weltnaturerbes.

Orts- und Sachregister

Eine *kursive* Zahl verweist auf ein Foto. Abkürzungen:
Hotel [H], Restaurant [R]

Liebe Leserinnen und Leser,
vielen Dank, dass Sie sich für einen Titel aus unserer Reihe MERIAN *live!* entschieden haben. Wir freuen uns, Ihre Meinung zu diesem Reiseführer zu erfahren. Bitte schreiben Sie uns an merian-live@travel-house-media.de, wenn Sie Berichtigungen und Ergänzungen haben – und natürlich auch, wenn Ihnen etwas ganz besonders gefällt.

Alle Angaben in diesem Reiseführer sind gewissenhaft geprüft. Preise, Öffnungszeiten usw. können sich aber schnell ändern. Für eventuelle Fehler übernimmt der Verlag keine Haftung.

Wir danken allen, die an dem Buch mitgewirkt und die Produktion unterstützt haben, vor allem der HA Hessen Agentur GmbH und dem Hessischen Ministerium für Wissenschaft und Kunst.

BEI INTERESSE AN DIGITALEN DATEN AUS DER MERIAN-KARTOGRAPHIE:
kartographie@travel-house-media.de

BEI INTERESSE AN MASSGESCHNEIDERTEN MERIAN-PRODUKTEN:
Tel. 0 89/4 50 00 99 12;
veronica.reisenegger@travel-house-media.de

BEI INTERESSE AN ANZEIGEN:
KV Kommunalverlag GmbH & Co. KG
Tel. 0 89/9 28 09 60; info@kommunal-verlag.de

TRAVEL HOUSE MEDIA
Postfach 86 03 66
81630 München
merian-live@travel-house-media.de
www.merian.de

1. Auflage

PROGRAMMLEITUNG
Dr. Stefan Rieß

REDAKTION
Andreas Hugle

LEKTORAT
Ewald Tange, tangemedia, München

BILDREDAKTION
bookwise GmbH, München

SCHLUSSREDAKTION
bookwise GmbH, München

SATZ
Ewald Tange, tangemedia, München

REIHENGESTALTUNG
Independent Medien Design,
Elke Irnstetter, Mathias Frisch

KARTEN
Gecko-Publishing GmbH
für MERIAN-Kartographie

DRUCK UND BUCHBINDERISCHE VERARBEITUNG
Stürtz Mediendienstleistungen, Würzburg

TRAVEL HOUSE MEDIA

Ein Unternehmen der
GANSKE VERLAGSGRUPPE

PEFC
PEFC/04-31-1404

BILDNACHWEIS

Titelbild: (Grimm-Denkmal) Joerg Lantelm/www www.foto-kreativkassel.de, (Rotkäppchenbild) Mediopolis Film GmbH/Junghans; Gerald Hänel: S. 2, 8-9, 10, 14, 18, 21, 26, 29, 30, 34, 40, 47, 54, 59, 66, 69, 70, 78, 87, 92, 130, 132; HA Hessen Agentur GmbH: S. 4-5; creative-foto.de: S. 6; Kassel-Marketing GmbH, Paavo Blåfield: S. 7o; Hotel »Dornröschen«, Höchst-Annelsbach: S. 7m; @Freilichtmuseum Hessenpark: S. 7u; Foto Medienzentrum Hanau: S. 12, 17; Andrea Diefenbach: S. 24, 95, 98, 101, 104, 106, 109, 110, 140, 152; Georg Knoll/Merian: S. 39, 83, 128, 146; Hohl/GrimmHeimat NordHessen: S. 42; mhk, Arno Hensmanns: S. 44; Tim Langlotz: S. 48, 53; Peter Zerhau, Fritzlar: S. 56; Gemeinde Schauenburg: S. 61; Katharina Jäger: Schneewittchenland: S. 62; Reckhard Pfeil, Staatsbad Bad Wildungen GmbH: S. 65; Paavo Blåfield: S. 75; Roland Robra: S. 80; Ludwig März: S. 84; Odenwald Tourismus GmbH/Johannes Kessel: S. 90; Pro Witzenhausen GmbH: S. 114, 116; M. Lenarduzzi: S. 119; Paavo Blåfield/GrimmHeimat NordHessen: S. 122; Pro Witzenhausen GmbH/GrimmHeimat NordHessen: S. 125; ©Tourismus+Congress GmbH Frankfurt am Main, Fotograf: Holger Ullmann: S. 135, 137; Gießen Marketing: S. 142; alle nicht gesondert gekennzeichnete Bilder: HA Hessen Agentur GmbH, Destinationen, Regionen, Städte und Tourist-Infos oder entsprechende Reiseziele.